T0267797

EL HOMBRE QUE NUNCA ESCAPÓ DE AUSCHWITZ

EL HOMBRE QUE NUNCA ESCAPÓ DE AUSCHWITZ

Una historia real

Gabriel Salinger

El papel utilizado para la impresión de este libro ha sido fabricado a partir de madera
procedente de bosques y plantaciones gestionadas con los más altos estándares ambientales,
garantizando una explotación de los recursos sostenible con el medio ambiente y beneficiosa para las personas.

El hombre que nunca escapó de Auschwitz

Primera edición en Chile: julio de 2023
Primera edición en México: febrero de 2024

D. R. © 2023, Gabriel Salinger

D. R. © 2023, Penguin Random House Grupo Editorial, S. A.
Av. Andrés Bello 2299, of. 801, Providencia, Santiago de Chile

D. R. © 2024, derechos de edición mundiales en lengua castellana:
Penguin Random House Grupo Editorial, S. A. de C. V.
Blvd. Miguel de Cervantes Saavedra núm. 301, 1er piso,
colonia Granada, alcaldía Miguel Hidalgo, C. P. 11520,
Ciudad de México

penguinlibros.com

Diseño de portada: Julio Valdés B.
Imagen de portada: © Shutterstock
Fotografías de interior: archivo personal del autor

ISBN: 978-607-384-094-1

Impreso en México – *Printed in Mexico*

A mi familia

Índice

Primera parte 13

Segunda parte 95

Tercera parte 183

Epílogo 209

Palabras finales 211

Existimos mientras alguien nos recuerda.

Carlos Ruiz Zafón

PRIMERA PARTE

1

Se negaba a pensar que podría estar muerta.

De pie a un costado de las vías, la silueta del tren que se acercaba a toda velocidad se adivinaba borrosa tras una laguna de neblina. El entorno era devastador. Las calles de la ciudad, que yacían sumergidas en escombros, decoraban un deprimente paisaje de posguerra. El cielo permanecía cubierto por densas nubes de plomo y un manto de lluvia azotaba con fuerza.

Estaba empapado por completo, de pie sobre un charco de agua bajo la incesante lluvia. No le importaba refugiarse del aguacero. Su mirada permanecía inmutable en la locomotora que se aproximaba a la estación. Como cada mañana desde hacía varios días, aguardaba con la fe intacta su llegada, siempre en el mismo lugar. De pronto, el rugido del tren no lo dejó escuchar ni sus propios pensamientos.

La multitud llenó la estación con rapidez y se le hacía difícil buscarla. Movía la cabeza, ansioso, tratando de divisar su cara, cuando de pronto alguien tocó su hombro. Se volteó y la vio sonriendo, con lágrimas de emoción. Su rostro era tan bello como lo recordaba. Su mirada contemplativa y piadosa llenó su corazón de paz. De inmediato se fundieron en un fuerte abrazo que pausó el tiempo y el ruido a su alrededor. Pasaron varios segundos hasta que por fin la oyó decir algo.

—¡Enrique! —exclamó. Se separó por un momento para acariciar con cariño su mejilla con el dorso de su mano.

—¡Qué bueno que estás bien! —dijo, conmovido, al tiempo que volvían a abrazarse.

—¡Enrique! —repitió, tomándolo por los hombros y mirando con atención su cara. De pronto cayó en la cuenta. ¿Enrique? Ella no lo conocía por ese nombre. ¿Por qué lo llamaba así?

—¿Enrique? —El escenario se oscureció por completo y la cara de la mujer se desvaneció ante sus ojos.

***

—¿Podemos terminar con esto? —carraspeó Heini, sobresaltado.

Se acomodó en el sillón al tiempo que volvía del trance en que estaba sumido. Trató de contener la rabia que le causaban las visiones, cada vez más comunes. Ya no quería seguir ahí. No había dejado de mirar el reloj de pared colgado sobre el estante repleto de libros. Sus deseos de abandonar el lugar eran palpables. Frotaba los dedos contra la palma de sus manos, tratando de secar sin éxito la humedad que producía su nerviosismo. De vez en cuando empuñaba la mano derecha con fuerza, como un reflejo involuntario. Cada tictac del reloj resonaba en su cabeza con mayor fuerza que el anterior.

El doctor Schwartz, casi recostado en su sillón, al frente de Heini, no había cambiado de postura en toda la sesión. Le respondió con una sonrisa simulada, hizo una breve pausa y trató de calmarlo inclinándose hacia adelante y llenando con agua el vaso que se encontraba encima de la mesa de centro que los separaba.

—Tome —dijo, empujando el vaso hasta la orilla de la mesa—. Ya queda poco, Enrique. Entiendo que es difícil para usted, pero es importante que hagamos esto. —El problema era que Heini no quería continuar con la conversación. Estaba alterado e inquieto. La visión del tren invadía sus pensamientos con frecuencia, sacándolo de la realidad.

Cerró los ojos con fuerza, batallando contra lo que su mente le indicaba. Respiró hondo y volvió a abrirlos para aceptar seguir con la sesión. En el instante en que tomó el vaso con agua y lo acercó a su boca, el citófono de la consulta sonó con estrépito, rompiendo el silencio y la tensión. Heini se sobresaltó, como solía sucederle cuando escuchaba timbres y sonidos similares. Derramó casi toda el agua sobre la mesa y sobre el piso de madera.

Era la secretaria. Llamaba para advertir que el siguiente paciente estaba en la sala de espera hacía diez minutos y que ya era hora de que pasara.

—No se preocupe —declaró el doctor Schwartz colgando el citófono, con la misma sonrisa fingida que había esbozado antes, sin mostrar los dientes—. Dígame algo, y con esto terminamos por hoy... —inquirió mirando a Heini a los ojos—. ¿Usted cree que su estado de salud mental tiene alguna relación con lo sufrido durante su juventud?

La pregunta terminó por exasperarlo, se levantó dando un respingo y clavó su mirada en los ojos del doctor. A gritos le contestó:

—¿Cómo se le ocurre preguntarme eso? ¡Nunca logré recuperarme de mis nervios! —vociferó, aún más exaltado, con el rostro enrojecido y transpirando. Las palabras brotaban de su garganta sin apenas darle tiempo para pensar—. ¡Es obvio que destruyó mi vida!

Desconcertado, el doctor no terminaba de entender la gravedad de su pregunta ni por qué Heini era incapaz de hablar sobre su pasado. Todavía ignoraba los detalles concretos acerca de los acontecimientos que había sufrido su paciente. Habían conseguido algo de progreso en las pocas sesiones que llevaban y el doctor Schwartz había ajustado sus expectativas a ese avance, pero lo que parecía una pregunta inofensiva caló en lo más profundo de aquel hombre que ahora caminaba con paso decidido hacia la salida. Abrió la puerta que separaba el despacho de la sala de espera y abandonó el lugar dando un fuerte portazo.

2

Apenas pudo conciliar el sueño aquella noche. Los nervios por el cambio a la escuela secundaria lo mantuvieron en vela durante horas. No dejaba de pensar en lo difícil que sería hacer nuevos amigos y adaptarse. La misión se volvía el doble de complicada por no dominar el checo. Ni hablar de cursar matemáticas o historia en un idioma que no fuera el alemán, su lengua materna. Si bien Heini se había mudado hacía más de seis años de Berlín a Brno, estaba acostumbrado a hablar con su familia en alemán.

Preparó su ropa la noche anterior y la acomodó sobre su escritorio en medio de lápices, revistas, juguetes y otros cachivaches que se amontonaban en cualquier espacio disponible en medio del desorden de su habitación. Las paredes estaban tapadas de afiches de futbolistas checos, unos superpuestos sobre otros. Destacaban varios de Oldřich Nejedlý, la figura de la selección de Checoslovaquia en los últimos años, quien pocos meses atrás había sufrido la rotura de una pierna en la derrota contra Brasil en los cuartos de final del Mundial de Francia. Ese partido se conoció como la «batalla de Burdeos» por la brutalidad de las faltas que se cometieron. En el Mundial anterior, que se jugó en Italia en 1934, Nejedlý lideró a la selección checa, que obtuvo el segundo lugar tras perder la final contra el anfitrión por dos a uno. Tal como aquella noche, Heini solía estar hasta altas horas mirando a los jugadores que descansaban en los muros de su cuarto, repasando historias pasadas y soñando ser como ellos.

A la mañana siguiente lo despertó el repiqueteo de la lluvia en la ventana de su habitación. No sintió el despertador y su abuela no estaba en casa. Se levantó de golpe, incorporándose de un brinco, se vistió deprisa y salió corriendo para tomar el tranvía que lo dejaba cerca de la escuela, ubicada en la calle Hybesova, lejos de su casa. La clase ya había comenzado cuando Heini entró al salón. Era evidente que había salido apurado, pues llevaba un lado de la camisa fuera del pantalón y la chaqueta descuadrada. La ropa le quedaba algo holgada, pues Heini era más bajo que el promedio de los niños de su edad y a su madre le costaba encontrar ropa de su talla. A pesar de su estatura, tenía algo encantador en su rostro. Ya fuera por sus ojos azules profundos y tiernos o por su sonrisa traviesa, Heini sabía cautivar para salir de apuros. Sin embargo, aquella no fue la ocasión.

—Tú debes ser Heinz —comentó el profesor—. Mi nombre es Julius Morgenstern.

La primera impresión que tuvo de su profesor fue terrorífica. Una frente prominente, el rostro arrugado y el ceño fruncido, como si estuviera enojado por defecto. Parecía tener más de setenta años.

—Llega tarde al primer día —le reprochó con un gesto de desaprobación.

—Disculpe, señor, no escuché mi...

—Siéntese allá, al fondo —ordenó, apuntando al asiento vacío e ignorando las excusas—. Y arregle su cabello en el camino.

Abochornado y con el rostro ruborizado, Heini se dirigió a su nuevo puesto peinándose con la mano ante las miradas y risas tímidas de sus nuevos compañeros. No tuvo tiempo ni de mirarse al espejo en la mañana y no había reparado en que su cabello era un desastre. Incluso al llegar al lugar donde le indicó el profesor Morgenstern lo escuchó refunfuñar.

—Vaya viejo gruñón —susurró a su compañero de puesto al dejar su mochila y sentarse—. ¿Siempre es así?

—Ni te imaginas —respondió entre risas—. Fue profesor de mi hermano durante varios años y todavía tiembla cuando lo ve. Pero no te preocupes, te acostumbrarás.

Aquel chico habría de convertirse en su primer amigo. Un niño de cabello castaño y rostro redondo que le llevaba a Heini más de una cabeza de ventaja y lo doblaba en tamaño de cintura. Tenía un aspecto intimidante y parecía el típico niño problemático de la escuela, tanto que Heini sospechó de su mala suerte al ser asignado por el profesor Morgenstern como su compañero de banco, pero por dentro escondía un alma sensible y bondadosa. Desde el primer instante le dio la bienvenida. Se mostró educado, cortés y muy empático. Con el tiempo, Heini supo que su nuevo amigo tenía la misma fama que él le adjudicó con solo mirarlo aquel primer día. Sus compañeros lo marcaban como matón y torpe a sus espaldas. Nada más lejano de la realidad, pues si bien no destacaba por ser muy inteligente ni aplicado en los estudios, sus intenciones eran amables y era un defensor de los que quería.

Heini había salido tan apurado de su casa que olvidó sus lápices. Tal fue su sorpresa que soltó un chillido. Tuvo que sufrir otro reproche del profesor y, otra vez, las risas de sus compañeros.

—Eso te va a costar caro —musitó su compañero de banco—. El profesor Morgenstern no olvida. De seguro te pone un sobrenombre. Por cierto, mi nombre es Oskar —le extendió su ancha mano con una auténtica sonrisa.

—Me llamo Heinz, pero todos me dicen Heini.

—Encajarás bien aquí. Luego te presentaré al resto —comentó Oskar bajando la voz y apuntando a una pareja de estudiantes a unos metros de distancia, quienes lo saludaron con una sonrisa y haciendo un gesto con la mano en silencio—. Él es Erich. Es un buen tipo, pero un poco plomo cuando quiere. Es hijo único, muy mimado. ¡Y vaya que tiene cabeza solo para los estudios! No se despega de sus cuadernos. Parece que encontró a su alma gemela esta mañana —exclamó soltando una risotada gangosa—. Jiri, el que está sentado a su lado, es aún más estudioso. Él también se incorporó hoy a la escuela, pero yo lo había visto varias veces. Nuestros papás se conocen desde hace años porque se encuentran en la sinagoga. —Jiri era el más alto de la clase, incluso más que Oskar, aunque, a diferencia de él, era un tipo flaco como palo.

—¡Silencio! —los recriminó el profesor Morgenstern. Heini sospechaba que ya no había vuelta atrás con la mala impresión que había causado en él. No obstante, aquel primer día fue mejor de lo esperado, pues conoció a quienes serían sus amigos más cercanos en los próximos años.

Su abuela, la Oma Pavla, no opinó lo mismo. Cuando llegó a casa y le contó que se atrasó y que olvidó sus lápices, lo regañó como casi nunca lo hacía. Heini no recordaba más de una o dos ocasiones en que su abuela se hubiera molestado así desde que vivían juntos, ni siquiera cuando quebró una de sus ventanas jugando fútbol a los pocos meses de vivir con ella. Más que las cosas materiales, a la Oma Pavla le preocupaba que no cumpliera con sus obligaciones académicas como era debido.

—Esto no pasaría si tus padres estuviesen aquí —soltó.

Heini tomaba con respeto y obediencia los descargos de su abuela, pero se aprovechaba con frecuencia del continuo placer que ella intentaba ocultar por el hecho de que su único nieto hubiera elegido ir a vivir con ella.

Las siguientes semanas fueron entretenidas. También fueron mejores en términos académicos, aunque el profesor Morgenstern, quien tenía esa costumbre de estereotipar a sus alumnos, nunca dejó de etiquetarlo como desordenado e incluso liante. Esto significaba un problema para Heini, porque aun siendo un muchacho hábil e inteligente, era desordenado y muy disperso, y esa superficial calificación que ya había recibido en otras ocasiones lo frustraba y le generaba inseguridad.

En adelante, la Oma Pavla se preocuparía con rigurosidad de que saliera a tiempo de su casa y con todos los materiales necesarios. Heini ya tenía catorce años en aquel otoño de 1938 y no estaba muy contento por tener a alguien tan encima, pero su abuela siempre tuvo la manía de controlarlo todo.

Siguió compartiendo con Oskar y sus amigos, Erich y Jiri. Con este último congenió de inmediato y formaron una cercana amistad. Como le había adelantado Oskar, Jiri le contó que también era nuevo en la escuela. Si bien, a diferencia de Heini, él era checo de nacimiento, había estudiado en otra escuela primaria. Los unía el hecho de ser recién llegados y casi no se separaron durante los siguientes años. Jiri era un niño completo: no solo era estudioso, sino muy inteligente y al mismo tiempo era gracioso, carismático y agradecido. Su madre y la Oma Pavla solían comentar que Jiri era muy maduro para su edad. «No lo conocen en su faceta revoltosa», pensaba Heini. Los cuatro amigos pasaban los recreos juntos jugando fútbol, haciendo travesuras por los pasillos y mirando a sus compañeras, síntoma de que ya estaban adentrados en la pubertad. Se juntaba con ellos después de clases y jugaban en la calle toda la tarde, hasta que se hacía de noche y la Oma Pavla lo llamaba para entrar.

—No tienes que quedarte afuera hasta tan tarde, Heini —repetía cada vez.

Él miraba con vergüenza hacia sus amigos cuando su abuela aparecía de pronto en la calle para interrumpirlo. Pero no todo eran retos con ella. Se hicieron muy cercanos. Llevaban más de seis años viviendo juntos y formaron una confidencia especial. Heini siempre fue muy travieso y eso le trajo varios problemas en la primaria, pero la Oma Pavla guardaba esos secretos en complicidad sin decirle nada a Helena, la madre de Heini, quien solía ser estricta; quizá porque cumplía el rol de madre y padre a la vez, aunque también poseía su lado dulce y comprensivo. Tenía treinta y nueve años y era de mediana estatura, tez blanco perla y cabello castaño ondulado. Guardaba el cabello corto sobre la nuca y en su cuello colgaba sin excepción un relicario con la foto de su madre. Otrora muy atractiva, Helena era una mujer que destacaba por su nobleza y sabiduría. Siempre encontraba las palabras correctas para cada situación y veía la vida con un lente de humildad y empatía. Tenía una capacidad innata para encontrar valor y bondad en cada persona, sobre todo en sus familiares y allegados. Convencida de que la familia era lo más importante, se dedicaba por completo a su hijo y a su bienestar, a pesar de no vivir con él. Su casa estaba ubicada a una media hora caminando desde la de la Oma Pavla. Vivía con su marido y padrastro de Heini, el doctor Kahn, quien era la razón principal por la que Heini, en un aire de porfía, decidió quedarse con su abuela. Por otra parte, Fritz, el padre de Heini, vivía todavía en Berlín junto a su segunda esposa, Erna Silberbard. Pese a que Heini entraba en una etapa compleja, Helena —o Hella, como la llamaban sus cercanos— conseguía aprovechar todas las ocasiones en que lo visitaba para conversar con él. En esas primeras semanas en la secundaria estaba interesada en saber sobre la escuela y sus amigos.

—¿Estás adaptándote al idioma? —inquirió mientras Heini engullía un bocado de papas sin prestar atención. No era fácil sacarle información por esos días. Era cada vez más escueto en sus respuestas y ese día en particular estaba de muy mal genio. Heini había pasado de una escuela primaria, en la que se hablaba alemán, al colegio judío de Brno, donde todas las materias se impartían en checo, excepto las clases de hebreo.

—Sí, pero es difícil —respondió con monotonía y desinterés.

—No es lo mismo hablar un idioma que aplicarlo a las materias de la escuela. Escuché que el profesor Morgenstern está ayudándote. ¡Habla cuatro idiomas!

Heini se limitó a asentir. Helena advirtió su silencio e insistió.

—Aprenderás rápido, hijo. No te darás cuenta y enseguida hablarás fluido. Tienes una habilidad especial.

—¿Por qué no puede ser en alemán? —se quejó de improviso Heini, comenzando a develar el motivo de su apatía—. En Berlín era más fácil.

No había sacado a colación el tema de Alemania en varios meses. Helena lanzó una mirada de preocupación a su madre, buscando su socorro y anticipando el destino obvio de la conversación, que llegaría instantes después. La Oma Pavla no tuvo espacio para ayudar.

—Extraño Berlín. Extraño a mi papá.

No solía ser quejumbroso y no tenía un mal pasar en Brno, pero hacía mucho tiempo que no hablaba de su padre con nadie. Su ausencia era un dolor que guardaba con celo en su interior y no invitaba a nadie a ser parte de eso, hasta ese momento.

—Ya podremos planear un viaje para que lo veas —se apresuró a responder Helena—. Pero tienes que esperar a las vacaciones. Quizá puedan ir a Karlovy Vary.

Le costaba hacer frente a la insistencia de Heini por volver a su país natal.

—Es una hermosa ciudad termal rodeada de bosques y montañas. Te encantaría visitarla —insistió.

—¿Por qué no puedo ir a Berlín? En Alemania también hay todo eso.

Helena volvió a mirar a su madre en búsqueda de ayuda, pero ella le devolvió un gesto de resignación. Helena se inclinó hacia adelante y tomó la mano de su hijo sobre la mesa del comedor.

—Mi amor, entiendo que te sientas frustrado por no ver a tu papá, me imagino lo triste que debe ser para ti, pero ni a él ni a mí nos gustaría que fueras a Alemania ahora. No es el mejor lugar para los judíos en este momento. Mejor esperemos a que pase todo.

—Entonces, ¿por qué no dejamos de ser judíos? —lanzó el chico en un ataque irracional de enojo, mirando al suelo—. ¿Qué tan terrible puede ser?

Ella lo abrazó mientras él comenzaba a llorar. La Oma Pavla comprendió la intimidad del momento y se excusó para abandonar el comedor.

—Está muy bien que expreses tus emociones...

—¿Por qué vienes solo una vez por semana? —la interrumpió. Intentaba hablar con claridad mientras sollozaba—. También a ti te extraño. Si no puedo ver a papá, por lo menos quiero verte a ti más seguido.

Heini notaba cómo se había alejado de sus padres y lo invadía su mayor miedo: quedarse solo. Helena se separó de él con cierta sorpresa y tomó su rostro con ambas manos, apenas a unos centímetros de su cara. Limpió sus lágrimas con los pulgares.

—Ven a vivir conmigo. Yo también te echo de menos.

Pero Heini se negó. No porque no quisiera, sino porque no podía dejar a su abuela sola.

—No tiene a nadie más. Me ha cuidado mucho los últimos años y yo también me preocupo por ella. No puedo abandonarla. Ya no está el Opa Emil para acompañarla.

Helena observaba a su hijo con una mezcla de dolor y admiración.

—Eres muy lindo. Estoy orgullosa de ti. Estás convirtiéndote en una persona madura y responsable. Admiro tu sensibilidad hacia los demás.

Todavía con las manos en su rostro y acariciándolo con sus pulgares, lo abrazó con una sonrisa y también derramó una lágrima.

—Te amo, hijo.

3

La escuela marchaba bastante bien. Heini estaba cultivando grandes amistades, sobre todo con Jiri, de quien casi nunca se separaba. Su amigo llevaba siempre una sonrisa imborrable estampada en la cara, bajo una melena de rizos oscuros. No era precisamente agraciado, pero caía bien casi a todos porque se le notaba la simpatía con solo mirarlo. Destacaba por ser un excelente alumno y de un ingenio que sorprendía. En poco tiempo obtuvo las mejores calificaciones de la clase. Sobresalía sobre todo en ciencias, la materia que lo apasionaba.

Heini también era buen estudiante. Con el paso del tiempo se adaptó a la secundaria y al idioma y logró un buen rendimiento académico, pero su materia favorita siempre sería el deporte.

Una vez por semana tenían clases de actividad física en el campo deportivo Maccabi, en Pisarky, al otro lado de Brno. Eran los días preferidos de Heini, que vibraba con el fútbol y con el deporte en general, en el que destacaba. Había pocos mejores que él. Uno de ellos era Pavel Breda, a quien Heini conocía desde antes de entrar a la secundaria, pues era sobrino del doctor Kahn, el marido de su madre. Pavel era un año menor que él y tenía una habilidad increíble para el fútbol. Jugaba de delantero y siempre se robaba las miradas del público, por su talento y por lo apuesto que era con tan solo catorce años.

Maccabi era un campo hermoso. Tenía enormes y despejados espacios verdes, canchas de tenis, fútbol y una pista de atletismo. Y no solo era un lugar para hacer deporte, también era el centro de la vida judía los fines de semana. Las familias se reunían allí para estar en la naturaleza y compartir. También se organizaban campamentos de verano. Los mejores recuerdos de la juventud de Heini se formaron en ese lugar. Eran días completos de disfrute al aire libre y con sus nuevos amigos de la escuela. Tanto Jiri como Oskar y Erich solían pasar allí los fines de semana junto a sus familias.

En la escuela solían hacer travesuras y Heini se convirtió en el autor intelectual de varias, lo que le dio cierta fama entre sus profesores. Por suerte no le ocasionó mayores problemas; su simpatía y su buen rendimiento académico equilibraban la percepción que tenían de él.

Sin embargo, en una ocasión, Heini y Oskar se llevaron un severo reto por parte del profesor de gimnasia, Ernst Fuchs. Los descubrieron tratando de forzar la cerradura del armario de balones de fútbol. Heini estaba con las manos en la masa cuando los encontraron. Por fortuna para ellos, el profesor Fuchs nunca supo que lo hacían cada semana.

Había aprendido esas técnicas de su padre que, como una simple gracia, le había enseñado a abrir puertas sin usar llaves. Le enseñó, desde pequeño, un sinfín de habilidades que se tradujeron en travesuras durante su infancia y adolescencia.

Pero no todo eran actos de inmadurez. También guardaba espacio para las mujeres y sentía especial atracción por una chica que vivía en una de las casas de su calle: Frantiska. Era la única hija de una pareja católica. Tenía trece años, uno menos que Heini. De vez en cuando se encontraban en la calle. Él aprovechaba para establecer alguna conversación improvisada y para hacerla reír.

Frantiska tenía la tez pálida y frágil y facciones de extrema finura que, combinadas con sus ojos verdes, formaban un sutil cuadro de hermosura. Tenía una sonrisa esculpida, rodeada por labios gruesos que Heini hubiera querido acariciar con la yema de sus dedos. Su ondulado cabello castaño descansaba con suavidad en un pecho precoz que empezaba a llamar la atención de innumerables chicos de su edad. Era tímida, pero se soltaba con sus más cercanos. A las pocas semanas de conocer a Frantiska, Heini ya estaba atrapado y envuelto en su hechizo.

Una tarde de miércoles, a inicios de noviembre, cuando llegaba de la escuela, la vio sentada afuera de su casa, como casi siempre. Heini aprovechó para sentarse a su lado. Conversaron un buen rato. Por cierto, él tenía el don de la palabra, pues no tenía problemas para encontrar buenos temas de conversación y para sacarle una risotada. Con su usual verborrea, le contaba sobre las aventuras que había vivido en Berlín cuando era un niño, y de las tantas experiencias que vivió en las vacaciones que compartía con su padre. Pero, sobre todo, la escuchaba hablar sobre los temas que más le interesaban, como el arte y la arquitectura. Sin compartir sus gustos, Heini conectaba con Frantiska en la pasión que sentía por aquellas cosas que más llamaban su atención, y observaba con ansiedad el efecto que producían sus propias palabras en ella. Se sentía muy cómodo cuando estaban juntos.

Esa tarde, sentados al borde de la calle, se dio cuenta de que nunca la había apreciado tan de cerca. Tenía la piel tan lisa como una muñeca de porcelana. Su rostro blanco se veía teñido por la luz naranja del atardecer. Heini se perdía en su suave mirada, solo a unos centímetros de distancia. Tragó saliva, que le pareció aserrín al notar los violentos embates de su corazón y el vacío en el estómago. Por primera vez se puso nervioso y no supo qué hacer ni qué decir. Movía las manos de manera torpe, tratando de encontrar la postura adecuada. Aunque a él le parecieron minutos interminables de incomodidad, solo transcurrieron unos pocos segundos hasta que la Oma Pavla interrumpió con un grito desde su casa para pedirle que entrara, pues ya se hacía tarde.

—Nos vemos mañana —le susurró con voz envarada al tiempo que se ponía de pie con dificultad.

Frantiska le devolvió una sonrisa y una mirada de auténtico cariño. Heini no dejó de pensar en ella en toda la noche. Se preguntaba si debió haberla besado. Le acomplejaba no tener con quién hablar de eso, pues su padre no estaba y no quería conversarlo ni con su madre ni con su abuela.

Por su parte, Fritz, su padre, también lo extrañaba con ímpetu y habría querido estar ahí para poder aconsejar a su hijo y verlo crecer. Sin embargo, en ese momento no podía pensar en Heini. Vivía el momento más peligroso y humillante de su vida.

Esa noche, en Alemania, los judíos vieron el terror ante sus ojos a través de una despiadada e inconcebible violencia. Hordas tumultuosas de nazis destrozaron sus negocios y casas por todo el país. Incendiaron con crueldad cientos de sinagogas, saquearon hospitales y escuelas y profanaron sus cementerios bajo la negrura de la noche. Miles de judíos fueron arrestados y decenas incluso asesinados en una noche que con posterioridad sería conocida como la Kristallnacht: la noche de los cristales rotos, en la que los judíos fueron sacados de sus camas y obligados a caminar descalzos sobre los vidrios rotos de sus propias tiendas y hogares, recién arrebatados. *«Juden Raus! Auf nach Palästina!»* era el eco de los gritos que inundaban las calles de toda Alemania con el fuego ardiendo de fondo. «¡Judíos fuera! ¡Vayan a Palestina!»

Fue un desolador hito de violencia nunca antes visto por esas generaciones. Quizás el hecho más relevante que marcó el camino hacia el Holocausto.

Heini recibió la noticia por parte de la Oma Pavla a la mañana siguiente. Fue lo único que pudo ocasionar que Frantiska pasara a un segundo plano. La impotencia y el miedo le nublaban el pensamiento. Una turba nazi había quemado la sinagoga de Fasanenstrasse, a la que él y sus padres solían asistir cuando vivían en Berlín. De seguro que Fritz habría perdido su negocio de artículos de cuero, que tenía al menos desde que Heini nació. No podían asegurar si era solo eso o tal vez algo peor y no querían imaginar otros escenarios. Heini apoyó su mano en su ombligo y dio tres respiraciones largas y pausadas. Por fortuna, un par de días después pudieron confirmar que Fritz no había sufrido mayores daños. Sin embargo, su negocio sí había sido destruido. Recibieron una carta estremecedora y, a la vez, tranquilizante, en la que les relató los hechos con detalle, dando la buena noticia de que tanto él como su esposa Erna estaban bien, al menos físicamente. Heini releyó el último párrafo varias veces, sin dar crédito a lo que leía:

Nunca antes había visto tanto odio irradiar de los ojos de alguien. Estas personas querían la muerte de los judíos. Alemania ya no es un lugar seguro para nosotros, y pronto tampoco lo será el resto de Europa.

Fritz

Heini no terminaba de comprender por qué su padre no se mudaba a Brno y no se convencía de esas últimas palabras de la carta.

—Aquí las cosas son mucho mejor para los judíos —reclamaba.

Hasta ese momento era cierto. Los judíos tenían algunas restricciones para entrar a ciertos parques públicos, pero en general vivían bien. Sin embargo, ese estatus cambió con rapidez con el paso de las semanas, a partir de la renuncia del presidente checo Edvard Beneš, apenas un mes antes de la Kristallnacht. Justo, Beneš renunció a su cargo por la presión que ejercían sobre él los nazis luego de los acuerdos de Múnich, en que los líderes de Italia, Francia, Alemania y Gran Bretaña acordaron la anexión del territorio checo de los Sudetes a Alemania. Un acuerdo que ponía en peligro la existencia de Checoslovaquia y en el que no se permitió la participación ni opinión de los líderes checos.

Los judíos quedaron desprotegidos ante el aumento del antisemitismo y ante la inminente ocupación alemana. El lugar de Beneš lo ocupó el primer ministro Jan Syrový de manera temporal, hasta que el abogado Emil Hácha fue elegido presidente de Checoslovaquia a fines de noviembre de 1938.

Días después, Heini salió a dar un paseo con Frantiska. Caminaron largo rato por las calles de Brno. Pasaron por la casa de Helena y el doctor Kahn y por la estación de trenes. Pararon a admirar la catedral de San Pedro y San Pablo y, al final, llegaron hasta la gran sinagoga de Brno. Heini quería mostrarle el edificio a Frantiska. Era una construcción majestuosa de tres pisos de altura, que tenía más de ochenta años de antigüedad. Sabía que su interés por la arquitectura le provocaría inmediata admiración por la sinagoga, cuyo exterior de estilo neorrománico lucía imponente ante cualquier espectador entendido en aquel ámbito. Sus muros exteriores se repletaban de detalles tallados y de ventanales redondos y arqueados que recortaban los perfiles de un edificio que fue atrevido y moderno en el momento de su construcción. En la cúspide de la fachada descansaban grandiosas unas tablas de la ley de piedra con los diez mandamientos del judaísmo inscritos en ellas. Su interior era inspirador: el salón central era enorme, tan alto y espacioso que el eco resonaba con cada sonido. Hasta mil personas podían congregarse en ella. En el salón se erguían columnas y muros con hermosos diseños que reptaban hacia el techo repleto de figuras artísticas y vitrales que inundaban de luz su interior, al igual que los ventanales de las paredes. La luz natural era complementada por numerosos candelabros suspendidos desde la altura de cada piso, con ampolletas de luz cálida. La gran sinagoga de Brno fue el primer edificio público de la ciudad con luz eléctrica.

El estrado, que se usa para la lectura de la Torá, llamado *bimá* en hebreo, estaba situado junto a dos grandes candelabros que descansaban de pie frente a un solemne arco coronado otra vez por las tablas de la ley y, más arriba, por un texto en hebreo.

Heini se emocionaba al hablar de la sinagoga, de lo grande y hermosa que era y de los recuerdos que le traía. Fue ahí donde, hacía dos años, poco después de cumplir los trece, celebró su bar mitzvá, la ceremonia en la que un niño judío se convierte en adulto al leer por primera vez de la Torá. La gran sinagoga era, sin duda, el símbolo judío de la ciudad.

Llevó su mano al cuello y le mostró a Frantiska un collar. De él colgaba un pequeño cilindro de oro, de un poco más de un centímetro de largo.

—Es una *mezuzá* —le comentó, mostrándole el colgante con orgullo—. Fue un regalo de mi mamá en el día de mi bar mitzvá. En su interior hay un rollo de pergamino con dos plegarias de la Torá. Es un amuleto de protección que se cuelga en las puertas de las casas judías.

Le explicaba a Frantiska que no era religioso, pero sí creía en la existencia de Dios. Llevaba el collar como un acto simbólico, pues él y su familia eran judíos tradicionalistas, el judaísmo tenía para ellos un significado más relacionado con la cultura y las costumbres que con la religiosidad. No practicaban las normas del judaísmo de manera estricta en su casa, no limitaban la comida a la ley judía de la Kashrut ni frecuentaban alguna sinagoga durante el *shabat*, pero sí respetaban las costumbres típicas y festejaban las principales tradiciones y festividades. Era un hogar muy rico en cultura y tradición judía. Al ver y hablar sobre la gran sinagoga, Heini se dio cuenta de la profundidad de su cercanía al judaísmo. No podía dejar de ser judío, como había propuesto a su mamá unos días atrás en un arrebato de rebeldía.

Se hacía tarde. El sol se posaba sobre los techos de la ciudad y teñía el cielo de un violeta intenso que se sumergía con lentitud en la penumbra. El frío se podía oler. Frantiska escuchaba atenta lo que le contaba Heini, pero le pidió regresar a su casa antes de que anocheciera.

Pasaron por un parque en el camino de vuelta. En su entrada se posaba un cartel de madera que rezaba «Prohibida la entrada a los judíos». Heini lo miraba fijo con una mezcla de rabia, pena y algo de vergüenza. Sus labios y párpados se tensaron.

—Vamos —le pidió Frantiska, notando el cambio de ánimo que cubrió a Heini. Lo tomó de la mano por primera vez y lo tironeó para que avanzara. Después de lo sucedido en Alemania sentía miedo de que los vieran en la calle de noche.

El jueves 22 de diciembre Heini cumplió quince años. Su mamá lo visitó de sorpresa para despertarlo temprano con un trozo de torta y cantarle.

—Recuerda —lo interrumpió cuando se disponía a cerrar los ojos para pedir sus deseos antes de apagar las velas—, dos deseos pueden ser para ti, pero el tercero debe ser para ayudar a alguien más.

En su anhelo de inculcar valores a su hijo, Helena tenía como tradición destinar el tercer deseo de cumpleaños a otra persona, como práctica de bondad y empatía.

En la escuela, Heini disfrutó con Jiri, Oskar y el resto de sus amigos. Por la tarde vio a Frantiska, quien le dio un beso en la mejilla como regalo de cumpleaños. Luego celebró en la intimidad de su casa, solo con su madre y su abuela, con su comida favorita: gulash, un estofado de carne con abundante salsa, servido con bolas de masa hervida llamadas *knedlíky*. Casi ignoró los regalos que había recibido. Para Heini no existía competencia cuando se trataba de comida cocinada por su mamá o su abuela.

—Tienes que agradecerle al doctor Kahn por el regalo —le comentó Helena al develar un paquete que tenía escondido, envuelto en papel de celofán. Era un fino abrigo de lana, que Heini no supo valorar. Sentía aversión por el marido de su madre, a quien consideraba engreído y altanero. No toleraba el detestable tono pedante con el que alardeaba de sus logros trabajando en el hospital de Brno, como tampoco los constantes circunloquios con los que solía expresarse. Era como si creyera que cuantos más rodeos y adornos empleara para decir algo, mayor elegancia otorgaría a su argumento, pensaba Heini con desagrado. El doctor Kahn, por su parte, tampoco era fanático de Heini, pues al igual que el profesor Morgenstern, lo veía como un niño desordenado, travieso y problemático. Él era un hombre culto y serio, que no veía espacio para la inmadurez. Entre ellos llevaban una relación cordial. Heini lo respetaba con algo de temor por ser alguien de peso en la comunidad judía de Brno.

Adentrada la tarde, cayó sobre la mesa del comedor el tema inevitable. Heini insistía en que quería ver a su padre.

—¿Cuándo podré verlo?

—No lo sé, hijo. Espero que pronto. —Heini alzó la vista justo a tiempo para sorprender a su madre lanzando una disimulada mirada que buscaba la ayuda de la Oma Pavla.

—¿Puedo ir yo a Alemania acaso? —preguntó casi con ironía, conociendo con exactitud la negativa que recibiría por respuesta.

—¡Claro que no! —respondieron ambas al unísono—. No es seguro ir allá.

—Entonces ¿por qué papá sigue viviendo allí? —insistió levantando la voz con aire desafiante—. ¿Por qué no viene a Brno?

—No es tan fácil salir, pero no creo que él quiera venir a Brno.

Hella se llevaba los dedos a la boca para comerse las uñas. Lo hacía cada vez que se guardaba algo para sí misma. Heini pudo percibir que le ocultaba algo, pero prefirió no seguir presionando. Si Helena tenía un defecto, era su incapacidad para ocultar secretos. Solía ponerse nerviosa y no podía evitar demostrar con gestos que algo escondía.

4

No todas las sesiones con el doctor Schwartz terminaban de manera tan abrupta como aquella, pero solían estar marcadas por la tensión e incomodidad de Heini, además de su constante elusión a contar los detalles de las vivencias de su juventud.

Al pasar el tiempo se había convertido en una persona retraída, aislada, apática y negativa. Se limitaba a trabajar y estar en su casa leyendo o conversando con su familia. Se había alejado cada vez más de sus amigos y conocidos y se negaba a participar de la vida comunitaria judía. Incluso la relación con sus hijos carecía de intimidad, y aquellas conversaciones que sostenían permanecían en la superficialidad.

La sesión de esa tarde fue más fluida de lo normal. El doctor Schwartz sabía que tenía que ser más sutil a la hora de indagar en lo que Heini ocultaba, así que decidió omitir el avance que habían conseguido hasta el momento.

—Le pido disculpas si sintió que me excedí en la última sesión. Creo que es un avance que haya podido poner en palabras y reconocer la dificultad de lo que vivió. Esta vez partiremos desde cero. —Hizo una breve pausa para que Heini respondiera, pero no se inmutó—. Me gustaría que me cuente sobre usted, con total libertad.

—Bueno —respondió Heini, permaneciendo en silencio y con el rostro serio.

—Lo escucho —insistió el doctor, extendiendo su palma izquierda, dejando entrever algo de impaciencia.

Luego de un breve silencio, exhaló fuerte y comenzó:

—Mi nombre, desde que llegué aquí, es Enrique, pero originalmente era Heinz. Todos me llaman Heini. Tengo sesenta y cinco años. Estoy casado hace casi cuarenta años, soy padre de dos hijos varones y tengo tres nietos y una primera nieta que viene en camino. Tengo una pequeña fábrica de artículos de cuero.

Eso era todo lo que planeaba decir. Hablaba de forma telegráfica, respondiendo con monosílabos. No pretendía entregar más detalles de manera espontánea, pero eso no era lo que el doctor Schwartz esperaba. Tenía la difícil tarea de extraer información a un paciente que escondía un mundo de historias tras un caparazón que no parecía frágil. Heini no estaba dispuesto a conversar sobre su vida ni sobre sus traumas del pasado, sin embargo, se veía obligado a acudir a terapia, pues era un paso necesario para conseguir una indemnización del gobierno alemán por el daño psicológico que le causaron.

—Una primera nieta, me imagino la alegría que debe significar para usted y su familia —intentó el doctor.

—Espero que nazca sana.

—¿Le preocupa algo en particular?

—No, pero siempre hay un riesgo. —Heini ya comenzaba a mover su mano en señal de ansiedad. Durante toda la sesión sus palabras reflejaban amargura.

—Cuénteme sobre su fábrica.

—Es un negocio que tengo en casa. Todavía genera algo de ingresos, pero cada vez menos.

—¿Qué vende? —insistió el psiquiatra ante las escuetas respuestas que recibía.

—Maletas, carteras, estuches y otros artículos de cuero. No sé a qué quiere llegar con estas preguntas.

Heini no cooperaba con el doctor, pero a medida que avanzaba la sesión logró soltarse un poco. Parecía que la estrategia del doctor Schwartz podría funcionar. Incluso, avanzada la segunda mitad de la sesión, se atrevió a indagar en su pasado.

—¿Cómo se describiría a usted mismo? Y perdón por lo que le voy a preguntar, pero confío en que podamos conversar y profundizar en temas más importantes. ¿Cómo cree que su pasado ha afectado a su personalidad? —lanzó con cuidado, casi arrepentido—. Por favor, sea lo más detallado que pueda. —Heini tardó unos segundos en responder. Tenía la vista fija en la mesa de centro y la mirada perdida, como si estuviera en trance. Su postura no cambió cuando comenzó a hablar.

—Soy una persona un tanto inquieta, nerviosa y precipitada. Todo lo tengo que hacer de inmediato, aunque sepa que puedo hacerlo al día siguiente. Me cuesta concentrarme en una tarea en particular y me resulta difícil terminar las cosas que comienzo, aunque sea algo trivial, como leer un artículo del diario o ver un programa en la televisión —cedió como por arte de magia, como si el doctor hubiese activado un interruptor dentro de él.

—¿Usted olvida a veces lo que le tocó vivir en Europa durante el Holocausto?

Heini se sobresaltó. Comenzó a transpirar y mover las piernas.

—Es imposible —contestó sin alzar la mirada de la mesa—. Todos los días algún recuerdo me asalta, despierto o en sueños. —El simple ejercicio de recordar lo agitaba.

—Y ¿ha hablado de esto con sus hijos o con otras personas?
—No. Casi nunca.

—Última pregunta. De todo lo que vivió, ¿hubo algún episodio en especial que le haya dolido o impactado más?

Pasaron unos instantes antes de la respuesta, que para ambos parecieron más largos de lo que fueron en realidad. Heini no se demoraba por pensar la respuesta, sino por el desconsuelo que le significaba remover aquellos recuerdos. También era difícil escoger un hecho en particular. Todo había sido doloroso y desgarrador. Con una presión fría en el paladar por resistir el llanto, terminó por acceder a entregar alguna información sobre su pasado.

—Lo que más me dolió... —Heini tomó una bocanada de aire antes de seguir articulando esa frase—. Lo que más me dolió fue la muerte de mi hermano —mintió.

5

En enero de 1939 el frío de Brno era paralizante. La nieve cubría la ciudad de un blanco hermoso y uniforme. Los días de deporte en Maccabi, sin embargo, no cesaron. Era, a esas alturas, casi el único lugar donde los niños judíos podían practicar deporte; les estaba prohibida la entrada a la mayoría de los parques y centros deportivos. Tampoco habían cesado las salidas de Heini con Frantiska. Por el contrario, su frecuencia se intensificó. Se vieron casi todos los días después de la escuela a lo largo de aquel invierno. Ella asistía a un colegio católico, así es que solían encontrarse en la calle cuando ambos regresaban. Paseaban por la ciudad y se sentaban a conversar durante horas. Sabían casi todo sobre el otro y él se esforzaba por hacerla reír a carcajadas. Su expresión le agitaba el corazón. No podía dejar de mirar los hoyuelos que se marcaban en sus mejillas y las sutiles arrugas al costado de sus ojos cada vez que sonreía.

Los ojos besan mucho antes que la boca.

Heini les contó a sus amigos sobre los avances en su relación. En el recreo permanecieron en la sala de clases y, cuando no hubo nadie cerca, les contó todo en detalles. A su lado estaba Oskar y, en los bancos de delante, sentados al revés, Jiri y Erich. Todos callados y expectantes escuchando con atención.

Ellos ya habían escuchado sobre Frantiska varias veces, pero por encima. Heini se abría por primera vez ante sus amigos y supusieron que era para obtener algún consejo útil.

—Creo que esto está mal, Henry. —Jiri, que era el único que lo llamaba así, interrumpió su relato con repentina seriedad y preocupación—. No deberías salir con ella.

—De... ¿De qué hablas?

—Es evidente que tus sentimientos son superficiales y puedo notar que tu interés es falso. Ella no te hará bien.

Jiri se retiró del rostro los rizos que alcanzaban a tapar sus ojos. Heini le lanzó una mirada de intriga, con una ceja enarcada y otra alerta. Pasados unos segundos, notó en su rostro una mueca que intentaba disimular.

Se largaron a reír a carcajadas.

—Esa chica debería pagarte arriendo, Heini —exclamó todavía riendo—. ¡Hace mucho tiempo que vive en tu cabeza!

Jiri tenía razón. El rendimiento académico de Heini había bajado en las últimas semanas porque descuidaba sus estudios al pensar en Frantiska todo el tiempo. Mientras se encontraba en clases en la escuela, el amor le guiñaba el ojo desde la ventana y encendía sus hormonas quinceañeras. No era capaz de concentrarse, pues a cada rato la dispersión se apoderaba de él.

Ese fin de semana fue al departamento de su mamá, en el centro de Brno, por una fiesta de cumpleaños. Había varios parientes del doctor Kahn, a quien no había visto hacía meses. Sus hermanas, cada una con sus parejas: Anna y Oskar Sachs; y Olga y Otto Breda. En Checoslovaquia las mujeres casadas pasan a utilizar el apellido de sus esposos, con una adaptación al género femenino. La propia madre de Heini, Helena, cuyo apellido original era Bloch, pasó a llamarse Helena Kahnová.

Los adultos se sentaron en la mesa del comedor a tomar el té y a charlar sobre política y otras cosas aburridas para Heini. Los jóvenes no duraron mucho tiempo en ese ambiente y fueron a jugar con una pelota de espuma al pasillo que llevaba a las habitaciones. Estaban los dos hermanos Breda: Moshé y Pavel. Tenían casi la misma edad. Moshé tenía quince, como Heini. Pavel era casi un año menor. También estaba Felix, un chico rubio de solo once años. Él era hijo del doctor Kahn con su primera esposa. Felix vivía con su padre y con Helena. Heini sentía cierto rechazo por él y mostraba inmadurez cuando estaba obligado a verlo. Lo trataba mal por los celos que sentía por su madre. Pero igual tenían que incluirlo en sus juegos. Después de todo, era su cumpleaños el que festejaban. Felix también era muy consentido por sus padres y, en las celebraciones de sus cumpleaños, solía recibir numerosos regalos, lo que también irritaba a Heini. Le indicaron que fuera el arquero, mientras que los otros tres debían hacerle goles, sin componer equipos. Jugaron por más de una hora. Pavel derrochaba talento y era de los pocos de la escuela de los que Heini no podía ni defenderse. No se hacía problemas, pero se esforzaba el triple cuando lo enfrentaba. En una jugada, después de que Pavel les diera cátedra por un cuarto de hora, Heini tomó la pelota y con alguna acrobacia logró dejar a los hermanos Breda en el camino.

—Nejedlý queda solo frente al arco rival —relataba Heini en voz alta su propia jugada, imaginando ser el delantero de la selección checa cuando solo quedaba Felix por derrotar—. ¡El gol está servido!

Lo engañó con un movimiento de cadera para que se lanzara a un lado y luego le pegó a la pelota con fuerza al centro del arco, o eso intentó, porque salió disparada hacia el comedor donde estaban los adultos conversando. Los cuatro imaginaron que la pelota había roto alguna de las vasijas decorativas o que había dado en la cabeza a alguien, pero Heini fue a buscarla y notó que, para su fortuna, ni siquiera se habían percatado del asunto. Conversaban a un volumen casi escandaloso, como si quisieran tapar las palabras de los otros con las propias. Las risas también viajaban libres por la habitación. Heini tomó la pelota y dio media vuelta para volver al pasillo. Al pasar por la puerta de la cocina, escuchó el sonido de los platos apilándose y, acto seguido, su mamá apareció con una de las hermanas del doctor Kahn a través de la otra puerta de la cocina, que daba hacia el comedor.

—Fritz ya tiene los papeles listos para irse —la oyó musitar. La conversación de fondo en el comedor se transformó en ruido ambiente para Heini, que orientó su oído para escuchar lo que decía su madre. Se quedó apoyado en el muro exterior con el oído pegado a la puerta y con el corazón en pausa.

—¿Cuándo viajará?

Helena se inclinó hacia su cuñada con tono confidencial.

—En un par de meses. No sé la fecha exacta, pero seguro que será pronto... —Felix llamaba a Heini para apurarlo. Él le hizo un gesto rápido con la mano para que se callara.

—Está bien, Hella. Es una excelente noticia que lo haya conseguido. Alemania es cada vez más hostil con los judíos. Seguro que allá tendrá, de nuevo, una vida tranquila.

6

Un sonido estrepitoso despertó al pequeño Heini en medio de una gélida noche de enero. Debe de haber sido la noche más fría de lo que iba de aquel invierno de 1932 en Berlín. Escuchó gritos que provenían de la cocina en el piso de abajo. Todavía medio dormido y cubierto con sus frazadas se sentó en la cama, miró fijo el hilo de luz que se colaba por la ranura de la puerta entreabierta y se esforzó por mantener silencio para oír qué sucedía. No era la primera vez que sus padres lo despertaban con sus discusiones; en el último tiempo peleaban con frecuencia y él lo notaba, pero nunca decía nada. Era curioso y perspicaz, pero no correspondía que se inmiscuyera en los temas privados de sus padres.

No lograba identificar lo que decían. Solo escuchaba murmullos. Tomó la manta que estaba a los pies de su cama y se acercó con sigilo a la puerta para tratar de escuchar mejor, sin encender la luz. Permaneció sentado y cubierto al borde del marco de la puerta de su habitación, apoyado en el muro.

Solo discernía algunas frases cuando alzaban la voz.

—¡Necesito irme un tiempo, Fritz! —exclamó su madre entre sollozos.

¿De qué hablaba su madre? ¿Irse de dónde? ¿Adónde? ¿Lo decía en serio? Notaba que alzaban la voz, pero le era difícil seguir el hilo de la conversación.

—Pero, Hella, ¿qué pasará con Heini? —fue lo único que escuchó unos instantes más tarde.

Al cabo de pocos minutos se quedó dormido con la manta cubriendo sus piernas.

Volvió a despertar cuando escuchó el crujido de unos pasos repiqueteando en la escalera que daba a su habitación. Se puso de pie y volvió de puntillas a su cama, intentando no hacer ruido. Su madre entró con cuidado, se acercó a su cama y no pudo contener el llanto. Se sentó a su lado, lo besó en la frente y lo arropó, mientras él fingía estar dormido. Podía escucharla sollozar. Esas caricias eran su despedida, o así lo interpretó Heini. Sabía que debía abrazarla. Quería hacerlo con todas sus fuerzas, pero no lo hizo, por la estupidez de evitar que descubriera que había estado despierto tratando de escuchar la discusión. Ella permaneció durante unos momentos acariciando su cabello y cantando con suavidad, a un volumen apenas audible. Para Heini no existía nada más bello que el canto de su madre. Eran sonidos hermosos que lo tranquilizaban y le hacían olvidar sus problemas. Sin embargo, esta vez no se produjo ese efecto. Las notas cubiertas de llanto y el pensar que podría ser la última vez que la vería no hacían más que causarle un miedo profundo.

Cuando su madre salió de la habitación, Heini lloró en silencio en su cama. Un sinfín de preguntas rondaban su cabeza. ¿Habría sido la última vez que la vería? ¿Adónde iría? ¿Qué sería de su vida? Le acongojaba no tener respuesta a ninguna de sus dudas. Solo pensaba en lo estúpido que había sido por no haberla abrazado. Lloró hasta que el sueño se volvió a apoderar de él.

Tenía apenas ocho años cuando su vida comenzó a cambiar para siempre.

A la mañana siguiente despertó desorientado. No sabía con certeza si lo sucedido la noche anterior fue real o solo un mal sueño. Luego de desperezarse, se levantó de la cama y vio por la ventana cómo la nieve había tapado por completo tejados, autos y el asfalto de las calles. Apenas divisaba el paisaje a unos metros de distancia, porque la ciudad estaba cubierta por una densa niebla. Despabiló luego de unos instantes y se dirigió a paso raudo hacia la habitación de sus padres. Sus ojos derramaban lágrimas de tristeza por haber perdido a su mamá. Vio a través de la puerta que al costado de la cama se encontraban unas maletas. Cruzó el umbral y advirtió a su padre sentado al borde de la cama, revisando los cajones de su mesita de noche. Corrió a abrazarlo, pero luego de unos segundos se separó enojado.

—¡¿Adónde fue mamá?! ¡¿Por qué dejaste que se fuera?!

—¿De qué hablas? —Heini volvió a dudar de si lo que pasó fue real.

—¡Soñé que tú y mamá tuvieron una pelea y que se iba para siempre!

—No, hijo, tu madre no se va para siempre, pero tampoco fue un sueño. No deberías escuchar las conversaciones de los adultos —le espetó, haciéndole notar que sabía que había estado despierto durante la noche—. Irá solo un par de semanas a Checoslovaquia, a casa de tu Oma Pavla, y tú irás con ella.

La familia de su madre vivía en Brno, la segunda ciudad más grande de Checoslovaquia después de Praga. Era mucho más pequeña que Berlín, pero la gente era más amable y la mayoría hablaba alemán, así que no tendría problema para darse a entender.

Heini suspiró y volvió a abrazar a su padre aún con más fuerza. En ese instante escucharon abrirse la puerta principal, seguido de pasos subiendo por la escalera.

—Prepararé un bolso con las cosas de Heini —saludó Hella, asomándose al umbral de la habitación y dando media vuelta para ir al cuarto de su hijo.

Fritz sentó a Heini en su regazo y, para animarlo, empezó a mover las piernas arriba y abajo y recitó una clásica canción infantil alemana mientras mantenía el movimiento de galope.

Hoppe, hoppe, Reiter
Wenn er fällt, dann schreit er
Fällt er in den Graben
Fressen ihn die Raben

Heini no podía evitar reírse cuando su papá cantaba esa canción y lo dejaba caer al final del verso. Recordaba ese juego desde que era un bebé. Le pedía que lo repitiera una y otra vez.

Cuando Helena volvió con la valija preparada, Heini abrazó una vez más a su padre, esta vez riendo, y se despidió.

Abrazó a su madre durante todo el camino a la estación. Estaba más feliz de lo habitual. En parte porque sentía alivio por no haberla perdido, pero también porque tenía una obsesión con los trenes. Sabía mucho sobre ellos y sentía regocijo cada vez que subía a uno.

—Este es un tren de máxima velocidad —repetía maravillado cada vez que aceleraba.

No fue hasta bien avanzado el trayecto hacia Brno cuando Heini reparó en que no veía a su padre por unas semanas.

—¿Por qué necesitas ir a Brno, mamá?

—Por nada, hijo, solo necesito estar con mi mamá y tener tiempo para pensar.

—No quiero que peleen por mi culpa —replicó casi sin escuchar la respuesta anterior.

—Por supuesto que no, Heini. Nada de esto es culpa tuya. A veces los padres necesitamos pasar un tiempo solos.

Heini empezaba a asimilar que iba a dejar de estar en su casa y ver a sus amigos y comenzó a revelar tristeza en sus gestos.

—¿Cuánto tiempo estaremos fuera?

—Son solo unas semanas. No te darás ni cuenta y ya estaremos de regreso.

—Tengo miedo —comentó sobrecogido por un sentimiento de angustia.

—No hay motivo para tener miedo, hijo, todo va a estar bien. —Helena se agachó hasta quedar a la altura de Heini—. Pero ¿sabes lo que yo hago cuando tengo miedo? Pongo mi mano sobre mi ombligo, respiro profundo tres veces sintiendo cómo se infla mi estómago y pienso en algo que me haga feliz. Es un ritual secreto. ¡Inténtalo!

Heini imitó a su mamá, repitiendo el proceso varias veces hasta que se tranquilizó. Dejó atrás el miedo, pero mantuvo una sensación de culpa por alejarse de su papá, que olvidó con rapidez luego de apoyar la cabeza en la ventana y caer sumergido en un sueño profundo mientras el tren recorría campos, bosques y al final, ciudades. Heini no estaba feliz por ir a Checoslovaquia. A pesar de que disfrutaba de estar con la familia de su mamá, no le gustaba la idea de dejar a sus amigos y pasar las vacaciones de invierno solo con adultos. Había ido a visitarlos cuando tenía seis años y solo recordaba haber compartido con la Oma Pavla y el tío Karel, el hermano de su mamá. El Opa Emil, padre de Helena, había fallecido un año antes de esa visita.

Al llegar a casa de la Oma, en la calle Karafiátova, ella los recibió con sorpresa y auténtica alegría. Lucía exacta a como Heini la recordaba. Tenía casi sesenta años y era de baja estatura, con la espalda encorvada y el cabello gris, siempre recogido. De facciones muy finas, todavía conservaba la belleza de su juventud.

También estaba el tío Karel con su esposa Hana. Heini estaba cansado por el viaje así que lo enviaron a la cama a los pocos minutos. Esa noche Helena contó a su familia su discusión con Fritz, con lujo de detalles.

A la mañana siguiente, la Oma Pavla les dio la bienvenida con un completo desayuno en la cocina. El olor a tostadas inundaba la casa.

—¡Estás tan grande! No has parado de crecer —dijo su abuela, sosteniendo una taza humeante de café.

Heini tenía demasiado sueño como para escucharla. Lo usual era tener que esperar para hablar con él en las mañanas. No ponía atención a nadie hasta que estaba despierto por completo. Sin embargo, la Oma Pavla insistía y también le repetía a cada rato que comiera más. Heini había olvidado lo agotador que podía ser su afán por transmitir cariño a través de la comida.

Durante la tarde, a pesar del frío, fueron a dar una vuelta al parque Lužánky, que quedaba a pocas cuadras de la casa. Los primeros días no hicieron mucho más que eso: comían en abundancia y paseaban por el parque para que Heini pudiera jugar fútbol con otros niños. Algunas veces iban al centro de la ciudad, a la plaza de la Libertad y a mirar la hermosa catedral neogótica de San Pedro y San Pablo. En más de una ocasión visitaron el castillo Špilberk, una antigua fortaleza de muros claros y techo rojizo ubicada en la cima de la colina en el centro de Brno, que tenía las mejores vistas de la ciudad. Helena aprovechaba la visita a Brno para reunirse con amistades con las que había perdido el contacto al mudarse a Berlín. Pasaba poco tiempo en casa y, aunque a veces llevaba a Heini con ella, en muchas ocasiones salía sola. Al cabo de unos días ya era una activa participante de la vida comunitaria judía de la ciudad, y no porque fuera muy apegada a las normas religiosas. Su identidad judía estaba ligada no solo a las tradiciones, sino también a su vida social. Solía frecuentar reuniones de jóvenes de la colectividad judía y se reunía con sus excompañeros de la escuela. Se le veía entusiasmada por rearmar la vida que había puesto en pausa durante más de una década. Mostraba una actitud que incluso podría calificarse como rebelde. En Berlín se dedicaba por completo a su familia y a su trabajo. No tenía mucha vida social ni participaba en ninguna actividad especial. A Heini le resultaba extraña esa nueva faceta de su madre, pero él, por su lado, disfrutaba su estadía en Brno más de lo que esperaba. Su abuela se encargaba de que siempre estuviera entretenido mientras Helena no estaba y lo consentía con mucha comida. Aprovechaba las pocas ocasiones en que su único nieto estaba con ella. También era mimado por su tía Hanko. En realidad, no era su tía, era prima de Helena, pero varios años menor que ella y también era muy cercana y así la consideraba; al igual que a Jirina, la hermana de Hanko, que acababa de ser mamá. Tenían veintiún y veinticinco años y se comportaban como niñas pequeñas. Eran muy graciosas: pasaban todo el día peleando entre ellas, haciéndose bromas y chistes para molestar a Heini.

—¡*Schwein!* —les gritaba la Oma Pavla cada vez que las descubría mostrándose la comida masticada dentro de sus bocas. Heini estallaba de risa cada vez que lo hacían.

A veces pensaba en su padre y lo extrañaba. Ya llevaba dos semanas fuera de casa y no recordaba haber estado tanto tiempo sin verlo. Lo que más ansiaba era jugar y conversar con él y volver a cantar el *Hoppe Hoppe Reiter*. Días después, Helena le escribió una carta a Fritz para decirle que no pensaba volver a Berlín, que se quedarían a vivir en Brno. Quería separarse de él y, fuera de sus conflictos personales, no tenía interés en volver a Alemania, ni en estar lejos de Heini. Si bien tenía un buen empleo como actriz de opereta en Berlín y era una artista reconocida, la falta de trabajo y la crisis en la que estaba inmerso el país tras la Gran Depresión de 1929 terminaron por convencerla para irse. También le preocupaba la tensión que existía entre nazis y comunistas. Confiaba en que Checoslovaquia iba a estar en mejores condiciones. El país tenía un buen nivel de desarrollo y la democracia florecía.

La noticia azotó a Heini. Jamás imaginó que dejaría de vivir con su padre ni que se mudaría para siempre a otro país. Además, las últimas semanas en Berlín se había apegado mucho a él. Pasaban juntos todas las tardes en las que Helena tenía funciones en el teatro, que en este tiempo era bastante seguido. Montaban una opereta que se representaba dos veces por semana y ella era una de las cantantes principales. En aquellas ocasiones, padre e hijo acostumbraban a pasear juntos por el Tiergarten, que estaba a unas pocas cuadras de su casa. Su papá le hablaba mucho de sus negocios y, cuando se daba la ocasión, lo animaba a interesarse por ellos.

—Cuando yo sea mayor, me gustaría que te hicieras cargo del negocio familiar.

—Pero, papá, no tengo idea de cómo hacer eso. No sé cómo funciona un negocio —solía replicar Heini.

—Por supuesto que no —respondía Fritz entre risas. Se apoyaba sobre una rodilla junto a Heini y, sosteniéndolo por los hombros, le hablaba con esa voz leve de las confidencias—: pero eres inteligente y perspicaz, y tienes una increíble habilidad para convencer a las personas de lo que tú quieres. No hoy, pero en diez o quince años, sabrás muy bien cómo hacerlo y yo estaré ahí para ayudarte.

Le encantaba la idea de heredar el negocio de su padre en el futuro, pero, sobre todo, le reconfortaba que confiara en él. Lo admiraba.

Fritz era un comerciante de buena situación económica y tenía mucho éxito pese a que el país sufriera una histórica depresión. El día antes de separarse le había propuesto viajar juntos por el sur de Europa, en el verano, para ir a conocer playas de distintos países.

Cuando su madre le contó a su hijo que no volverían a Berlín, él canalizó toda su rabia hacia ella.

—Te odio —masculló en una ocasión.

—¿Qué dijiste? —preguntó Helena, sin estar segura de haber oído bien.

—¡Que te odio! —repitió Heini gritando con sequedad, con los ojos rebosando de lágrimas de rabia.

Heini la amaba. Nunca le había gritado. Ella se desvivía por su hijo, siempre había sido dulce y tierna con él y no le había dado ningún motivo para siquiera molestarse con ella.

—¡No vuelvas a decir eso! —respondió al tiempo que lo abofeteaba—. No puedes odiar a nadie, menos a alguien de la familia. Tampoco hay necesidad de gritar. Nada de lo que digas será más válido porque lo expreses a un volumen mayor.

—¿Qué va a pasar con mis amigos? —preguntó con los ojos llorosos—. ¿Qué va a pasar con la escuela?

Heini tenía razón. Era muy tarde para inscribirlo en una escuela a esa altura del año, por lo que no volvió a estudiar hasta el inicio del siguiente período. Tardó varias semanas en reponerse y, si bien pudo calmarse, mantuvo su enojo y cierta distancia con su madre durante un tiempo. Fue peor aún cuando ella le presentó al doctor Kahn y le contó sobre su relación amorosa, tan solo unos meses después. Heini se enfadó al verlos juntos y corrió a encerrarse en su habitación. Estaba celoso porque su mamá pasaba cada vez menos tiempo con él y porque soñaba con que sus padres volvieran a estar unidos, en volver a ser una familia.

Pasó varias semanas con una máscara de enojo que ocultaba la real tristeza en su interior. No quería que su madre estuviera con otro hombre y encontraba defectos en cada cosa que hacía el doctor Kahn. Le molestaba muchísimo que lo llamara «hijo» y no soportaba su risa torpe ni su arrogancia. La rabia se acumulaba en su interior cada vez que los veía juntos.

Lo único que lo animó esos días fue una carta que le llegó. Nunca había recibido una. Era de su padre, escrita desde Berlín.

Querido Heini:

¿Cómo has estado? Me imagino que no has parado de crecer en estos meses en que no nos hemos visto. Te escribo para contarte que pasaremos unos días juntos en el verano. Iremos a Altvatergebirge, un lugar hermoso en las montañas. Estoy seguro de que te encantará. Es cerca de la frontera con Polonia. Tu mamá te ayudará para que tomes el tren y nos veamos allá.

Te quiero,

Papá

En efecto, Altvatergebirge era hermoso. Se trataba de una cadena montañosa de paisajes infinitos teñidos de verde. La vista era por completo diferente a la que acostumbraba a ver tanto en Brno como en Berlín y aquel verano de 1932 coloreaba con bellos tonos el cuadro de naturaleza que los rodeaba. Durante esas cortas pero intensas vacaciones, Fritz confesó a Heini que haría formal la petición de divorcio a su madre, lo que terminó por sepultar la esperanza de que sus padres volvieran a estar juntos.

—Quiero llevarte conmigo de vuelta a Berlín —le reveló dubitativo—. No lo he hablado con tu madre, pero si tú quieres lo intentaré por todos los medios posibles.

Heini no sabía qué responder. Las lágrimas se agolparon en sus ojos al sentir el peso de una responsabilidad tal como elegir con cuál de sus padres prefería vivir. Luego de una larga conversación, Heini accedió sin estar convencido. Amaba a su madre como a nadie más y los necesitaba a ambos cerca. Le comentó sobre sus problemas con el doctor Kahn y el distanciamiento que tenía con su madre. Fritz le pidió con sinceridad que no se molestara con ella por la separación.

—La responsabilidad es tanto de ella como mía —le explicó con delicadeza—. Lo que te tiene que quedar claro es que la culpa no es tuya, por ningún motivo. Por favor, no seas duro con ella. Tu madre se desvive por ti.

Heini le prometió que así sería, aunque se le hizo muy difícil no sentir rechazo por el doctor Kahn. Solo pensaba en la relación que solían tener sus padres, en la linda familia que formaban los tres y en las cientos de veces que ellos le contaron cómo se conocieron.

✳✳✳

En 1920, Helena llegó a Berlín desde su natal Brno, alrededor de los veinte años. Estaba de gira por Alemania con la empresa de operetas en la que trabajaba, bajo el nombre artístico de Helena Baldow en lugar de su apellido original, Bloch. En ese entonces era cantante de reparto. Gracias a su trabajo había conocido decenas de ciudades y personas, pero no había terminado de asentarse.

Su paso por Berlín fue un éxito. La obra que representaban era un espectáculo escénico deslumbrante. A su primera presentación en el Theater des Westens asistió Fritz, un joven veterano de la Gran Guerra nacido en Potsdam y convertido en ese momento en un comerciante exitoso. Le llevaba diez años a Helena. Sentado en primera fila, quedó embobado por la belleza y el desplante de Hella. Sintió que se perdía en una visión. La manera en que sus rizos castaños caían por el costado de su pálido rostro y se encontraban con una suave sombra bajo el dibujo de su clavícula desnuda; la forma en que su talle se insinuaba bajo los pliegues de su vestido; la exactitud con la que entonaba las notas más inalcanzables; las reiteradas miradas que estaba seguro de que la joven le lanzaba a propósito; todo en ella lo envolvió y lo cautivó a los pocos instantes. Al finalizar la obra, Fritz se precipitó al camarín para buscarla e invitarla a salir. Ella lo rechazó entre risas, pero él no se daría por vencido tan fácil.

—¡Vamos! —perseveró—. Tú necesitas alguien que te muestre la ciudad y ambos necesitamos una buena copa de vino.

—¿Por qué habría de aceptar? —replicó Helena dejando entrever un gesto coqueto.

—Dame solo una oportunidad. —Fritz estaba obstinado—. Si luego de una cita no quieres volver a verme, no insistiré.

Persistió durante unos minutos. Ella no pudo mantenerse desinteresada ante los encantos de aquel apuesto alemán y al final cedió. Tenía unos ojos azules grandes y atrayentes. Derrochaba elegancia y simpatía y, al igual que ella, era judío. Tuvieron una primera cita, una segunda y otras más también; fueron a restaurantes y bares y recorrieron las calles de la capital.

Al año ya estaban casados. Y dos años después, en diciembre de 1923, nació su primer y único hijo, Heinz. Tenía los ojos idénticos a los de su padre.

Diez años más tarde, Helena estaba divorciada de Fritz y era la feliz esposa en segundas nupcias de Karel Kahn, un doctor checo de su misma edad, también judío. Él solo hablaba de medicina y presumía sus acciones y logros como médico. Su trabajo era lo más importante para él y así lo hacía notar. Era un hombre inteligente y respetado por la comunidad y sus pacientes. Solía tener toda clase de beneficios y regalías entre sus pacientes por ser doctor. Era alto, macizo y de ojos cafés. Siempre usaba el cabello corto y peinado hacia el lado, con una partidura en perfecto orden. Rara vez se le veía sin un cigarrillo en la mano.

Heini hacía todos los esfuerzos por volver a relacionarse bien con su madre, pero no podía ocultar la molestia por su matrimonio. Había esperado con fuerzas que fuese algo pasajero, pero aquel marzo de 1933, seis meses después de las vacaciones con su padre en Altvatergebirge, ya no había vuelta atrás.

El mismo día de su boda, Helena se mudó al departamento de su marido en la calle Masarykova, en pleno centro de Brno. Heini, todavía guardando rencor a su madre y desagrado por el doctor Kahn, decidió permanecer con su abuela Pavla, al menos por un tiempo. Su madre prefirió complacerlo y no llevarlo con ella. Su molestia llevaba un buen tiempo, pero no quería generar un ambiente pesado en la familia.

Hella también era la segunda esposa del doctor Kahn. Antes había estado casado con Anna Goldstein, una mujer austríaca que se había mudado a Brno varios años atrás. Con ella tuvo un hijo un año antes de divorciarse, Felix Kahn. El pequeño de cinco años vivía con su madre, también en Brno. Desde ese día, Felix se convertiría en el hermanastro oficial de Heini.

7

Tardó varios días en procesar la noticia sobre la salida de su padre de Alemania. Repasaba con frecuencia las palabras en su cabeza y, cuando cerraba los ojos, podía ver con claridad a su madre en aquella cocina. «Fritz ya tiene los papeles listos para irse», «Será pronto, seguro». Heini creó variados escenarios en su cabeza, esperando a que le revelaran la verdad. ¿Adónde iría? ¿Cuándo? ¿Pensaba llevarlo con él?

En realidad, tenía clara la respuesta a esa última pregunta. Luego de sus vacaciones en Altvatergebirge en 1932, Fritz intentó en reiteradas ocasiones llevarlo a Berlín, incluso por la vía judicial, pero falló en todos sus intentos, por lo que se quedó con su madre en Brno.

La siguiente y última vez que Heini lo había visto fue en 1936, cuando pasaron unas vacaciones en un hotel en el lago Balatón, en Hungría, a unos cien kilómetros de Budapest. El lago era hermoso y gigantesco y estaba lleno de turistas y actividades. Fritz alentaba a Heini a hacer travesuras y así pasar el rato riendo. De él había heredado esa faceta.

Tenía doce años cuando dejó de verlo.

En aquella ocasión, Fritz también aprovechó para contarle que se iba a casar con su nueva pareja, Erna Silberbard. Sin más energías, Heini no tuvo ningún reproche hacia su padre y, por el contrario, se alegraba de que rehiciera su vida luego de la separación.

El viaje les sirvió para ponerse al día y conversar cuestiones que no habían podido mencionar por correo. Fritz ya le había adelantado que en Alemania existía una fuerte discriminación y persecución hacia los judíos. Meses antes se habían adoptado por unanimidad las leyes de Nüremberg, de carácter racista y antisemita. Su objetivo era discriminar a los judíos y separarlos del resto de los alemanes.

—Ese Hitler es muy malo con nosotros —se quejó Heini con firmeza.

Fritz soltó una risotada ante la seguridad y seriedad de su hijo. No podía prever que, tres años después, se vería obligado a emigrar a Latinoamérica por el peligro que significaba ser judío en la Alemania de Adolf Hitler.

Durante algunas semanas Heini no mencionó a su mamá lo que había escuchado en el cumpleaños de Felix. Ella no se había percatado de su presencia al comentar los planes de su exesposo, pero él no dejaba de pensar en ello. La noticia rondaba por su cabeza sin cesar y su enojo no se calmaba, por el contrario, la extensión de su silencio lo avivaba aún más.

Un día no aguantó más. La rabia y la inquietud lo carcomían por dentro. En una de las visitas de su madre, la encaró con sutileza. Trataba de no discutir con ella en presencia de la Oma Pavla, por lo que aprovechó su ausencia.

—¿Te dije que iré de vacaciones con mi papá?

Helena lo miró con una extrañeza mal disimulada. A veces Heini pecaba de ser manipulador y de mangonear con sus palabras, sobre todo a su madre.

—¿Con tu padre? No me ha dicho nada.

—¿No has hablado con él?

—Bueno, sí. Hemos intercambiado algunas cartas, pero no mencionó nada de eso. —Conocía muy bien a su hijo y supo interpretar que buscaba información.

—¿Y qué ha mencionado? —alzó la voz. Heini estaba irreconocible por la rabia—. ¿Ha contado algo novedoso?

Helena inclinó la cabeza y, tras un gesto en su mirada que puso en evidencia que ambos sabían de qué trataba en realidad la conversación, madre e hijo retiraron sus máscaras. Heini se echó a llorar sin consuelo.

—¡Me mentiste! —gritó con el rostro crispado por la ira.

—Hijo, tu pa...

—¡¿Por qué?!

Helena forzó el silencio unos momentos, buscando que Heini se calmara. Acercó su silla, pero él se alejó con fuerza.

—Tu papá va a abandonar Alemania. Tiene casi todo listo para emigrar en un par de meses a Chile.

—¿Chile? —Heini la miró desconcertado, mostrando su ignorancia sobre el país.

—En Latinoamérica. Él me pidió que no te contara para hacerlo él mismo, pero solo una vez que fuera seguro.

—¿Por qué se va tan lejos? —El enojo hacia su madre se transformó en cólera y tristeza general.

—Ya no hay oportunidades en Alemania para los judíos. Cree que no podrá recuperar su negocio.

—¿Por qué no deja de ser judío? Nunca me has respondido eso. —Esta vez Heini hacía esa pregunta solo para incomodar a su madre. Entendía y compartía la respuesta, pero en ese momento solo quería ganar la discusión.

Helena lo miró con desesperanza y le explicó con la misma serenidad de siempre:

—No es tan simple como dejar de ser judío, hijo. Los nazis pueden identificarlo como judío de cualquier forma, por sus raíces. Además, ese no es el punto. Ya hemos tenido esta conversación. Incluso si tu papá pudiera renunciar a su religión para poder permanecer en Alemania, no lo haría.

Heini la miró incrédulo, sin modificar su gesto. Todavía sollozaba y mantenía el ceño fruncido y la mandíbula tensa, a tal punto que le dolieron las muelas.

—La tradición judía viene desde muy atrás en su familia, igual que en la mía. Mis abuelos llevaban una vida judía y los suyos también.

—Ni siquiera vamos a la sinagoga ni respetamos el *shabat* —interrumpió.

—No seas duro, Heini. Aunque no participemos de algunas cosas religiosas, no podemos divorciarnos de nuestra cultura, porque ser judíos tiene mucho que ver con el estilo de vida, con las tradiciones y con los valores que nos inculcan desde que somos pequeños. La enseñanza de esos valores humanos es una pieza fundamental del judaísmo y es tanto o más importante que lo que aprendes en la escuela. Esta religión no se basa solo en la relación con Dios. No se es menos judío por no ir a la sinagoga, por no comer *kosher,* por no hacer el bar mitzvá, por no respetar las tradiciones e incluso por no creer en Dios. Tú eres judío porque llevas contigo las huellas de la historia y la memoria de nuestros antepasados. Lo llevas en tus venas. Eso es lo que nos da ese poderoso sentimiento de comunidad con el pueblo judío, que espero que tú también transmitas a tus hijos cuando tengas tu propia familia. —Heini la miraba con atención y vestigios cada vez más débiles de escepticismo—. No sé por qué te explico esto si ya lo sabes. El judaísmo define quiénes somos y no cambiaremos nuestra esencia por el gobierno de turno. No vamos a negar nuestros orígenes.

—¡Pero él es tan alemán como cualquier otra persona! —insistió a modo de reproche—. ¡Incluso peleó en la Gran Guerra por Alemania!

—Mi amor, claro que es así, pero eso no impidió que sucediera lo que pasó en noviembre y no garantiza que tu papá pueda vivir tranquilo. Tenemos que asumirlo y no perder tiempo lamentándonos por eso. Por desgracia, la vida no siempre es justa.

Helena tenía razón y él no tenía más armas para rebatir sus argumentos, pero tampoco quería perder a su padre.

—¿Por qué no viene a Brno? Aquí es más seguro.

—También se lo dije. Pero él ha sufrido mucho y si bien aquí las cosas son un poco diferentes, en el fondo es lo mismo. También hay antisemitismo y has visto que las cosas están más complicadas en el último tiempo, ya no es igual que antes. Tu papá quiere ir lo más lejos posible y Chile les abrió las puertas; su hermana, Meta, ya viajó hacia allá junto a su marido.

Heini ya había calmado su rabia, pero seguía molesto con su madre y la tristeza le apretaba el pecho y entrecortaba su respiración. Sus ojos húmedos, rebosaban lágrimas.

—Ya verás que volverá más pronto de lo que imaginas.

Su respuesta fue el portazo de frustración que dio al salir, mascullando palabras ininteligibles. Lo único que logró calmarlo un poco fue una esperada carta de su padre que recibió días después.

Querido Heini:

Como ya sabes, las cosas aquí son muy difíciles y el panorama no es auspicioso. Con mi esposa Erna tenemos la oportunidad de dejar Berlín para ir a Santiago de Chile. Será al menos por algunos años, hasta que todo se normalice. Allá la vida es mucho más tranquila que en Alemania y que en Europa en general, que también se vuelve cada vez más hostil. Me mata de pena no poder despedirme en persona. Quería ir a verte, pero nos avisaron que zarparemos esta misma semana.

Espero que puedas ir a visitarme en el verano. Yo quiero volver cuando la situación mejore, así que no te preocupes, porque nos veremos cada cierto tiempo y te escribiré con frecuencia.

Cuida mucho a tu madre y a tu abuela. Ellas no tienen la culpa de esto.

Te amo.

Papá

Heini no tenía idea dónde quedaba Santiago de Chile. Tuvo que buscar en un mapa. El aire se escapaba de su interior cuando pensaba en que su padre partía al lugar más remoto de la tierra y que no podrían verse seguido. Su único consuelo fue compartir la noticia con Frantiska. Ella sabía calmarlo con las palabras adecuadas. Al poco rato de estar con ella ya olvidaba la noticia. Pensaba en eso mientras estaba con sus amigos, cuando hacía deporte y cuando estaba con la familia de su mamá, pero con Frantiska todo se desvanecía. Esas salidas eran sus momentos más felices.

—Me vas a matar de la risa, en serio —le dijo Frantiska una tarde, apenas respirando por las constantes carcajadas. Luego apoyó su cabeza sobre el hombro de Heini mientras estaban sentados al borde de la calle, a un par de cuadras de sus casas. Heini destilaba vapores de colonia que había tomado prestada del doctor Kahn días atrás, sin preguntarle.

Él la abrazó, tomó su mano y acarició su antebrazo. Sentía un revoloteo en el estómago y su cuerpo se llenó de electricidad. Su pulso subía con ímpetu. La miró reírse una vez más, volvió a rodearla con los brazos y, con la nariz pegada a su cabello, inspiró con profundidad. Ella se separó un momento y lo miró directo a los ojos. Tenía un rostro tan suave y liso. Por un instante reinó un silencio casi fúnebre, pero mágico, como si no existiese nada más a su alrededor. De pronto, lo invadió el deseo casi doloroso de besarla. El corazón le batía en el pecho como intentando salir.

Hasta que un grito rompió el hechizo.

—¡Pedazo de mierda judía! —gritó un chico alto al otro lado de la calle. Eran tres en total—. ¡Ya te vas a morir!

Heini se enfureció de inmediato, y se dirigió a confrontarlos, pero Frantiska lo paró en seco y evitó que se pusiera de pie. Tomó su mano con fuerza y lo frenó ante las risas de los agresores.

—¿Estás loco? Ven, vamos a casa.

—¡Ella no te quiere! ¡Eres un pobre judío! —le gritaban mientras se acercaban con lentitud.

Heini se debatía en su interior entre escapar o enfrentarlos. Tomó la primera opción, para cuidar a Frantiska. No se perdonaría que algo le sucediera.

Escaparon corriendo, todavía tomados de la mano. No sabían si los seguían, solo avanzaron con rapidez algunas cuadras, zigzagueando por las calles, y se escondieron en una escalera que daba al sótano de una casa. Agitados y sobresaltados, se mantuvieron pegados mientras Heini se paraba de puntillas mirando a la calle, para corroborar que los habían perdido. Solo cuando estuvo seguro volvieron a subir. Miró a Frantiska, todavía asustada por lo que acababa de pasar, y se echó a reír.

—Tranquila, no pasa nada —la calmó apretando sus manos—. No nos verán. Estamos a salvo.

No se había percatado de lo cerca que estaban. Sintió su cuerpo contra el suyo y olvidó lo que acababa de pasar. Sin soltar su mano, acercó su cara a los labios de Frantiska con una ansiedad que no había experimentado jamás, la miró fijo a los ojos y se aventuró a buscar sus labios, casi temblando. En un momento que pareció eterno y fugaz a la vez, se fundieron en un tierno y torpe beso.

La acompañó a su casa tomados de la mano y ardiendo de emoción en su interior, todavía saboreando sus labios. No se le cruzaba por la cabeza pensar en su padre en ese momento, solo repetía en su mente la imagen de lo que acababa de pasar. Al acercarse a su casa, se despidió de ella con un beso que le dejó el pecho inflado y una sonrisa imborrable estampada en su cara.

Repasó una y otra vez el beso en su cabeza, hasta que al final el cansancio pudo más que la excitación y durmió cálido y pleno esa noche.

Era la noche del 14 de marzo de 1939. No imaginó que a la mañana siguiente despertaría en un país ocupado por la Alemania nazi.

8

Cuando llegó a Berlín lo hicieron esperar unas cuantas horas para ser atendido. Recién pasada la una de la madrugada comenzó la reunión. Entró a un despacho de una ostentosidad exagerada y aunque el salón estaba recubierto de candelabros y lámparas, reinaba la penumbra. En las paredes oscuras y brillantes colgaban imponentes cuadros que debían costar una fortuna. En el centro descansaba una pequeña mesa redonda rodeada de varias butacas anchas. Mientras observaba el salón en un incómodo silencio, se le ordenó con cordialidad tomar asiento en una de las butacas que permanecían libres.

No había argucia que no se le ocurriese a Hitler para lograr sus objetivos, sin embargo, la insidiosa simpatía inicial no tardó en ser reemplazada por amenazas una vez que vio que su invitado de honor no cedía. La brutal presión que el líder alemán ejercía sobre Emil Hácha iba en aumento, causando cada vez más agitación y terror sobre el presidente checoslovaco.

En compañía de su mano derecha, Hermann Göring, puso ante Hácha un documento en el que se autorizaba a las tropas alemanas a ocupar el territorio checo de Bohemia y Moravia, convirtiéndolo en un protectorado del Tercer Reich.

—Mientras hablamos, nuestras tropas esperan la orden para invadir Praga. Tiene dos opciones —le espetó Hitler con brusquedad—, o coopera con el Reich, lo que implicaría que la entrada del ejército será tolerable y permitirá autonomía y libertad a su país, o... —hizo una pausa para inclinarse hacia delante en un gesto amenazante, su rostro quedó a solo unos centímetros del de Hácha— o enfrenta un escenario en que la resistencia se quebrará por la fuerza de las armas. Utilizaríamos todos los medios necesarios. Usted elige.

Hácha estaba al borde de una crisis de pánico. El tono de la reunión se volvía cada vez más oscuro. Göring insistía con vehemencia en que firmara el documento. Repetía con insistencia que, de no hacerlo, Praga sería convertida en escombros y cenizas en apenas un par de horas.

El anciano líder checo, que ya venía fatigado por la larga espera y luego por el trato hostil de sus anfitriones, sufrió un ataque cardíaco que interrumpió la reunión. Tuvo que ser atendido de urgencia por el médico de Hitler, quien también era amenazado por Göring para que reanimara al recién desmayado. Al cabo de unas horas lo pudo despertar. Su delicado estado no impidió que las amenazas se mantuvieran.

Casi al alba, luego de horas de incesante hostigamiento, Hácha se vio obligado a ceder y terminó por firmar el documento.

Las tropas alemanas entraron en Bohemia y Moravia sin encontrar resistencia alguna. Hitler se dio prisa y llegó al Castillo de Praga antes de que Hácha regresara de Berlín.

El ministro de propaganda, Joseph Goebbels, anunció hace unas horas por la radio alemana que Praga está siendo invadida por las tropas nazis. Luego de una noche de negociaciones entre Hitler y Hácha en Berlín, Alemania toma el control de Checoslovaquia, que deja de existir como tal. Los territorios que quedan pasarán a convertirse en el Protectorado de Bohemia y Moravia.

«Cuelguen sus banderas», celebró ante el anuncio el ministro de propaganda, Joseph Goebbels.

Pavla estaba de pie, paralizada junto a la radio que se encontraba sobre un mueble del comedor, junto a un jarrón de porcelana con flores. Con una mano apoyando todo su peso sobre el mesón y con la otra temblando en su mentón y sus labios, estaba ensimismada y muy impactada escuchando la noticia. No alcanzó a reparar en la presencia de Heini, quien había bajado al comedor por las escaleras.

Cuando la vio desconcertada, intentó transmitirle tranquilidad acerca de lo que había alcanzado a escuchar desde su habitación, sin entender de verdad las implicancias de lo que sucedía. El mismo Hitler que había causado que su padre se fuera lejos, estaba ahora en el castillo de Praga ocupando el país donde vivía, pensó Heini. Lo que parecía tan lejano unos días atrás ya había tomado su lugar en Brno. En realidad, todos sabían que era cosa de tiempo para ser invadidos por los nazis, pero era algo que no querían aceptar y que tocó la puerta antes de lo esperado.

—Ya nada es seguro —le intentaba decir la Oma Pavla, sobresaltada—. Es peligroso incluso estar fuera de casa.

Sus amigos no parecían tomarle el peso a la noticia. Creían que no era tan grave. Heini se contagió de esa energía y rio con ellos al contarles que su abuela estaba paranoica, que a menudo hablaba sola mientras deambulaba por la casa y que todo el día tenía la radio prendida. De manera egoísta, él no estaba preocupado ni pensaba mucho en su familia porque tenía otro foco en la cabeza: Frantiska. Le importaba el devenir de los judíos, claro, pero en su mente adolescente el mundo amoroso opacaba con ímpetu los problemas geopolíticos y comunitarios.

Volvió a verla, suponiendo que ya eran novios. Salieron a la calle ante la preocupación de su abuela, que insistía en el riesgo de exponerse.

Frantiska, sin decir nada, lo tomó de la mano y lo llevó a caminar por la calle. En el camino Heini notó cierta incomodidad en los gestos de la muchacha, en su forma de hablar. Actuaba con rareza, muy distinta a la fluidez y soltura con la que solía encantar a las personas. Caminaron tres cuartos de hora hasta un parque en el que todavía estaba permitido el acceso a los judíos. Se sentaron en una banca y Heini se acercó, posó su mano en el muslo de Frantiska y se inclinó para besarla. Al entrecerrar los ojos y buscar a tientas sus labios, sintió el roce de su rostro junto al suyo haciendo un ademán de devolver el beso, pero antes de poder tocarla, ella se distanció y bajó la mirada. Lo miró con visible dolor, como sin querer soltar lo que estaba a punto de decir. Cerró los ojos y exhaló para darse fuerza.

—Mis padres no me permitirán seguir viéndote.

A Heini se le deformó la cara en milésimas de segundo. Ella le explicó que no querían que su hija se relacionara con un judío, y estaba obligada a acatarlo. En su familia temían ser relacionados con judíos luego de todo lo que sucedía. Preferían no correr riesgos. Él se negó a entenderla. No decía nada, solo la miraba con extrañeza. Por la seriedad y firmeza con la que Frantiska le hablaba, a Heini le parecía que no le afectaba la orden de sus padres, entonces soltó su mano con fuerza, se puso de pie y dio media vuelta. Comenzó a caminar cabizbajo por las pequeñas calles que rodeaban el parque sin mirar nada más que el empedrado.

La noche caía inexorable en la ciudad.

No podía aclarar su mente. Tenía la cabeza devorada por el revoltijo de emociones: desasosiego, enojo, tristeza, desazón, decepción. Sentía el pecho oprimido y una incomodidad constante en la garganta. Era la primera vez que sentía algo así por alguien y, con la misma rapidez que había llegado, se iba. Su mundo se derrumbaba.

Sin embargo, todo pasó a segundo plano cuando, después de recorrer de memoria algunas cuadras con los ojos vidriosos, pateó con rabia una piedra que salió disparada a mitad de la calle y Heini, pensando que podía dañar algún auto, levantó la cabeza por primera vez en casi un cuarto de hora. De inmediato divisó una gran columna de humo negro que se dibujaba en el cielo, expandiéndose con furia. Emergía desde detrás de los techos de las casas, que dejaban entrever la luminosidad del fuego. Le pareció muy extraño y recordó las palabras de la Oma Pavla sobre el peligro que significaba estar fuera de casa. Decidió volver a casa directo, todavía lleno de rabia y pena en su interior. Cuando por fin llegó, Pavla caminaba de un lugar a otro mirando el suelo. La radio estaba encendida sobre el mesón. Se sobresaltó cuando lo oyó entrar y, entre lágrimas y llena de preocupación y desesperación, lo abrazó y le contó de dónde salía aquella columna de humo.

La gran sinagoga de Brno había sido incendiada por los nazis hacía apenas una hora.

9

No podían creer lo sucedido. El terror nazi había entrado en sus vidas de la peor forma.

—¿Cómo pueden llegar a ese nivel? —reclamaba Helena, desolada, cuando visitó a su hijo en casa de la Oma Pavla.

Ni la policía ni los bomberos trataron de evitar que la sinagoga se viniera abajo y las dudas no tardaron en instalarse en la familia. Empezaron a cuestionarse si debían seguir el camino de Fritz o quedarse. Brno comenzaba a parecerse a Berlín a paso raudo. Supieron a través del doctor Kahn que los Breda barajaban opciones para irse y varias otras familias de la comunidad judía llevaban algunos meses tratando de conseguir visas para abandonar Europa, entre ellos Anna Goldstein, la exesposa del doctor Kahn y madre de Felix, que emigró a Uruguay con su segundo marido. Helena le mostró a Heini una carta en la que su prima Hanko le contaba que había logrado conseguir los papeles y que abandonaría Praga en mayo, para emigrar a Estados Unidos. Les dio la dirección en la que estarían, por si lo necesitaban. Su hermana Jirina también la seguiría al poco tiempo.

Ese viernes Hitler visitó Brno. Se repletaron las calles de gente esperando ver al führer pasar. Sus tanques desfilaron por la ciudad como su nuevo trofeo de guerra.

Heini escribió a su padre para contarle lo sucedido. No había respondido a la última carta que él le escribió cuando aún estaba en Europa, y no tenía idea de cuánto tardaría en llegar otra a Latinoamérica. Tampoco sabía si la dirección que tenía era correcta. Su cabeza estaba nublada y tenía un vacío en el estómago, afectado tanto por la invasión alemana como por su repentino quiebre con Frantiska.

Los meses siguientes fueron cada vez peor. El doctor Kahn fue despedido de su trabajo en el hospital por ser judío, y por primera vez Heini sintió lástima y empatía por él. Desde el despido, los labios del doctor Kahn vivían adheridos a un cigarrillo encendido. Por otro lado, la preocupación de Pavla iba en aumento y su rostro lo evidenciaba. Los ánimos en el colegio habían menguado; muchos alumnos abandonaron el Protectorado con sus familias a lo largo de aquel año. La discriminación se hacía cada vez más evidente e iba mutando hacia la violencia física: se profanaban sinagogas y algunas personas fueron atacadas con ferocidad. Por fortuna todavía existía cierto respaldo de los servicios de seguridad, quienes solían intervenir en contra de los disturbios antisemitas.

Lo que sucedía no era una discriminación aislada ni espontánea, sino que nacía desde las autoridades gubernamentales. Se establecieron nuevas restricciones, entre ellas, limitaciones en la compra de alimentos. Se les asignaron cupones para obtener raciones limitadas y solo podían comprar en ciertos horarios del día. Tuvieron la suerte de que algunos locatarios seguían siendo benévolos con ellos y, ante la escasez de productos, guardaban algunas unidades para vendérselas en los horarios permitidos.

No podían ir a ningún lugar en libertad. Durante ese verano comenzaron a segregarlos en restaurantes, baños públicos y piscinas. Incluso llegó un momento en que se instauró un toque de queda, prohibiéndoles salir de casa después de las ocho de la noche. La radio a la que la Oma Pavla permanecía pegada fue confiscada, igual que los aparatos de casi todas las familias judías del sector.

Así como meses atrás los padres de Frantiska le prohibieron ver a Heini, otras familias vecinas comenzaron a ignorarlos y evitarlos, e incluso notaban que algunas personas en la calle los señalaban, mientras otras se reían.

Se hizo cada vez más común escuchar ofensas antijudías en la calle.

Una tarde, ya de vuelta a clases en el otoño de aquel 1939, Heini estaba en su habitación haciendo las tareas del colegio, luchando contra el fuerte poder de la dispersión, cuando alguien llamó a la puerta de la casa. Ante la insistencia de los golpes, se dirigió a la puerta, pues la Oma Pavla había salido. Cuando abrió, vio a su mamá jadeando, alarmada.

—Felix —dijo con la voz entrecortada—. No ha vuelto de la escuela. Debió haber llegado hace unas horas.

—No sé dónde está —respondió Heini sin dar mayor importancia.

—Lo buscamos por nuestro barrio, pero no hemos logrado dar con él —replicó sosteniéndole la mirada a su hijo. Helena seguía respirando agitada—. No creo que pudiera perderse ni equivocarse en el camino a casa. Es un niño inteligente.

Heini notó su desesperación y entendió que su agitación no era por un esfuerzo físico, sino por miedo. No la culpaba, pues existía una sensación generalizada de paranoia. La familia y sus cercanos vivían con miedo bajo la almohada. La hizo pasar.

—Se acerca el toque de queda —comentó Helena mirando hacia fuera antes de cerrar la puerta—. Felix sabe que no debe andar por la calle a estas horas y él es un niño muy apegado a las reglas. Es muy extraño que no esté.

Heini percibió la angustia de su mamá y olvidó todo el rechazo que sentía por Felix. Se preocupó por él. La situación era cada vez más peligrosa y temió que algo malo pudiese haberle sucedido.

—Te ayudaré a buscar.

—No puede estar lejos de casa —replicó ella sin esperar una respuesta distinta, apelando a la madurez de su hijo. Se dirigieron a la casa de Helena y se separaron al aproximarse al barrio.

Luego de registrar varias calles gritando el nombre de Felix, fue Heini quien lo encontró. Se encontraba solo, sentado y llorando a unas cuadras de su casa.

—Y tú ¿dónde estabas? —le espetó con antipatía—. Tienes a todos preocupados.

Felix le explicó sollozando que unos amigos lo convencieron de ir al cine, sabiendo que estaba prohibido para los judíos. Lograron entrar a una función, pero estando adentro los descubrieron. Tuvieron la suerte de que no les hicieron nada, solo los echaron con brusquedad y les advirtieron que no lo hicieran de nuevo. Una señora mayor les señaló con algo de pena que si una autoridad se enteraba, estarían en problemas mucho mayores.

—No solo tú, toda tu familia habría estado en problemas, Felix, y eso incluye a mi mamá.

Heini notó cómo la severidad con la que trató a su hermanastro solo logró asustarlo más. Felix se deshacía en disculpas mientras sollozaba. Heini, arrepentido por su dureza, se sentó a su lado, lo abrazó y lo consoló.

—También entiendo que es injusto, pero tienes que comprender que esto no es un juego, no puedes desobedecer las reglas. Lo que sucede es cosa seria y no debes hacer travesuras por ahí. —Guardó una breve pausa—. ¿Y por qué estás solo? —le preguntó con auténtica curiosidad.

—¡Todos salieron corriendo cuando salimos del cine! No supe cómo regresar desde ahí.

—No estamos lejos. Vamos.

Lo guio a su casa, abrazándolo de un hombro.

—No le digas a tu padre lo que hiciste. Se enfurecerá contigo.

—Pero...

—¡Pero nada! ¿Quieres estar en problemas de verdad? Mejor inventa que te perdiste en el camino a casa. —Heini le guiñó el ojo. Era la primera manifestación de complicidad entre ellos.

—¡Felix! —gritó Helena, que estaba de pie en la calle, caminando de un lado a otro. Lo abrazó y la siguió el doctor Kahn, quien aguardaba junto a ella. Ambos miraron a Heini e hicieron un rápido gesto para que él les explicara qué pasaba.

—Debo irme —dijo Heini—. Solo faltan minutos para el toque de queda.

Partió en dirección a su casa a ritmo acelerado. Casi llegaba cuando vio a Frantiska en la vereda de enfrente, a solo unos metros de distancia. No la había visto en meses ni había cruzado una palabra con ella desde su ruptura. Heini ya no pensaba en ella, al fin y al cabo, había pasado medio año desde su última conversación. Si bien tuvo que convivir con la frialdad del desamor y con el profundo dolor de la sanación, sus sentimientos hacia ella fueron menguando con el paso de los meses. Sin embargo, verla lo paralizó por un instante.

Aquel encuentro lo afectó más de lo que habría pensado. Estaba ella con sus padres en una calle cercana a su casa. Lucía más hermosa que nunca, llevaba un refinado vestido color crema que llegaba hasta sus rodillas y que descubría sus pálidas piernas, que parecían esculpidas a mano. «De seguro irá a alguna cena o espectáculo», pensó Heini. Cuando cruzaron sus miradas, su corazón se saltó un latido. Su pecho se encogió con dolor. No sabía si salía con alguien más y creía que no le importaba. La miró con un notorio gesto de melancolía que no fue capaz de disimular. No supo identificar lo que sintió ella al mirarlo, solo posó sus ojos aterciopelados en él por varios segundos, sin expresar ninguna emoción en particular. Estaba tan concentrado en la mirada de Frantiska, que solo se percató de que su padre se había acercado a ella cuando la tomó por los hombros para girarla. Heini salió de su letargo y vio cómo él le devolvió una mirada altiva, al tiempo que murmuraba algo que por la distancia no alcanzó a oír, pero que por el gesto y el tono entendió que era una descalificación. Nunca había hablado con él, pero sí lo había visto y jamás había notado tal desprecio en su mirada. Lo invadió un sentimiento profundo e intenso de repulsión hacia él y hacia lo que esa escena significaba. Los siguió con sus ojos cuando comenzaron a alejarse caminando y vio a Frantiska girar su cabeza para mirarlo una vez más, como queriendo disculparse con la mirada, con un claro rictus de tristeza en su rostro y un rescoldo de afecto. Entró a su casa con pena y rabia, sin querer hablar con su abuela, que lo esperaba con la misma preocupación que había sentido su madre por Felix, una hora atrás. La discriminación y el desdén por ser judío estaban más cerca que nunca. Herido, fue directo a su habitación a dormir, y pasó gran parte de la noche en vela, absorto en sus pensamientos.

La tensión aumentaba al adentrarse el otoño e incluso llegaron al punto de pensar en dejar el país. Sin embargo, por lo que escuchaban de sus cercanos, la emigración se hacía cada vez más compleja, sobre todo luego del inicio de la guerra. Había que tener contactos que pudieran ayudar desde afuera, además de pagar impuestos y tasas altísimas. Al final de 1939, los Breda lograron enviar al extranjero solo a uno de sus dos hijos. Les costó una fortuna. Optaron por Moshé, el hijo mayor. Consiguieron que emigrara a Palestina para asentarse allá y buscar nuevas oportunidades. La hermana del doctor Kahn, Olga, les contó que decidieron así, con el dolor de su alma, dividir a la familia y quedarse en Brno con Pavel hasta encontrar la forma de seguir a Moshé. Parecía cruel e insensato, pero igual que ellos, numerosas familias tomaron la misma decisión.

Con esa referencia cercana, entre Helena y el doctor Kahn no tardaron en florecer las discusiones serias y acaloradas acerca de irse o quedarse, y el ambiente en su hogar se hacía más tenso con el avance de la guerra. No podían dejar sola a la Oma Pavla, pero era casi imposible sacarla del país. Tampoco tenían el sustento económico para conseguir visas para toda la familia y les hacían falta contactos.

—Es mejor aguantar un tiempo y esperar que todo mejore —lamentaba el doctor Kahn, apagando su cigarrillo en un cenicero repleto de colillas. El humo que emanaba de su boca le velaba el rostro. Ya no tenía trabajo y costear la vida de la familia no era una tarea sencilla, pero mucho menos lo era empezar de cero. Se le veía estresado y nervioso. Pavla, por su parte, se negaba a la idea de abandonar Brno, había sido su hogar por años. Ahí estaba enterrado su marido, el Opa Emil. En cada ocasión en que conversaron sobre irse aquellos primeros meses de 1940, ella no cedió. Su postura no se basaba solo en el dolor que le significaba dejar Brno; el problema era separarse.

—La familia debe estar cerca y unida —transparentó en alguna ocasión. Peleaba con todas sus fuerzas para que, a diferencia de los Breda, no enviaran a Heini o a Felix a otro país, porque sabía que no los volvería a ver si eso pasaba. Ya tenía sesenta y cuatro años y no sabía cuánto tiempo duraría esa separación.

—Heini tiene solo dieciséis años. Felix apenas doce. No pueden irse solos —insistió.

Sin embargo, el temor de vivir en un país ocupado por los nazis era más por un tema económico que por la posibilidad de sufrir algún ataque directo.

10

Las siguientes sesiones con el doctor Schwartz no fueron fáciles. Ya se tenían un poco más de confianza, pero el constante estado de estrés y nerviosismo de Heini agudizaba la tensión del tratamiento. Su reiterada tendencia a eludir temas conflictivos y a dar explicaciones poco precisas saboteaban los objetivos del psiquiatra.

Durante su último encuentro, Heini había vuelto a abandonar la consulta tras irritarse por las preguntas que apuntaban a detalles de su historia y que, a su juicio, eran demasiado inquisitivas. No se enojaba con el doctor, entendía que era su trabajo y que estaba ahí para ayudarlo; era solo que no era capaz de vocalizar sus vivencias. No lo había hecho ni con su familia ni amigos. La sola mención de algunas palabras que activaban recuerdos en su cabeza le causaba estremecimiento.

En aquella ocasión, el doctor lo detuvo antes de que pudiera irse sin decir nada.

—Escúcheme, Enrique. Yo entiendo lo significativo que esto es para usted y que se siente agobiado por recordar su estadía en los campos de concentración. —El doctor Schwartz salió de su rol de psiquiatra para tratar de razonar con Heini por otra vía—. Comprendo que le sea difícil contarlo, ya que sufre de un estrés postraumático, lo hemos conversado, pero debe entender que estas sesiones lo ayudarán en el proceso de reparación y sanación. De usted depende dejar de ser víctima de su pasado, para ser protagonista de su presente.

—Yo no vine aquí para eso. —El doctor Schwartz se vio sorprendido por tal cruda declaración, pero decidió no hurgar en esa herida.

—Bien —respondió con un tono calmado—, en ese caso, de estas sesiones depende la indemnización que pueda exigir al gobierno alemán. Y, según lo que me ha contado, la necesita, le guste o no. Es necesario que coopere para que yo pueda evidenciar la relación entre sus afecciones somáticas y su pasado en los campos. Es lo que usted mismo y su esposa me solicitaron en un comienzo. —Luego de advertir el silencio inalterable de Heini, el doctor Schwartz continuó con un último intento—: Escriba. Si no puede hablar, escriba.

Heini no había insistido al gobierno federal alemán sobre la indemnización porque, además de no querer forzarse a recordar esa época negra, estaba convencido de que no existía dinero capaz de pagar el daño causado a él y a su familia. Era dinero manchado con sangre y no quería colaborar con la limpieza de conciencia de una nación culpable de una calamidad irresarcible. Los alemanes habían destrozado su vida y él no pretendía dar señales de perdón. Sin embargo, llegó un momento en que se vio obligado a reclamar sus derechos y exigir la compensación. Sus problemas psíquicos afectaron el manejo de su negocio, que por muchos años fue exitoso, pero que con el tiempo comenzó a flojear y se fue arruinando. Se negaba a recibir consejos de sus cercanos, que lo inducían a cambiar el rumbo de su taller. Él siempre fue testarudo y eso lo llevaba a la quiebra.

Su esposa, Käte, le suplicó que comenzara el proceso de indemnización para financiar sus crecientes gastos médicos. Heini era dominante, pero cedió después de largas discusiones.

El trámite implicaba establecer, con la ayuda de médicos especialistas, una relación entre sus problemas de salud y lo vivido en el Holocausto.

A la siguiente sesión Heini llegó en completo silencio. Las palabras del doctor Schwartz habían calado hondo en su cabeza. No cambiaría mucho su actitud, era algo que no podía controlar, pero al menos había reflexionado sobre lo que le había dicho y decidió escribir un resumen de su historia. No fue sencillo en absoluto. Le tomó una semana completa poder esbozar una plana e, incluso, el ejercicio le generó temblores y hasta vómitos.

—Aquí tiene —señaló, extendiendo el brazo para entregarle un pedazo de papel doblado.

—¿Qué es esto?

—Está escrito todo lo que me tocó vivir. No puedo conversarlo ni quiero hacerlo. No estoy preparado. Pero eso ayudará a que entienda mejor mi situación.

Escribir fue una solución acertada. A pesar de que la conexión entre su historia y su situación médica era evidente, era necesario tener un registro de los sucesos y era evidente que nunca podría abrirse sobre su pasado. Siempre que el doctor Schwartz intentaba escarbar en su historia, Heini desviaba el foco de la conversación, daba explicaciones escuetas y poco precisas y empleaba mecanismos de negación y minimización, hasta el punto de que no parecía percibir ni tomar conciencia de la gravedad de su situación médica. Su historial de enfermedades era bastante amplio: le diagnosticaron hipertensión arterial poco después de terminada la Segunda Guerra Mundial, a los veintitrés años. Tuvo cáncer de colon dos veces, además de haber sufrido un infarto. También tenía depresión crónica y sufría con frecuencia de jaquecas, vómitos, diarreas y mareos.

Tal vez lo más lamentable de sus enfermedades era su comportamiento frente a ellas.

—Soy como un avestruz que esconde la cabeza —solía explicar. No consultaba por sus dolores y afecciones ni hablaba sobre ellas. Tenía una especie de tendencia autodestructiva. En 1970 tuvieron que pasar varios meses de molestia silenciosa hasta que por fin acudió al doctor por insistencia de Käte. Fue ahí cuando le detectaron su primer cáncer.

Después de haber leído el relato, el doctor Schwartz tenía todo lo que necesitaba y pudo armar un diagnóstico claro. Heinz sufría de un estado depresivo crónico y de distonía neurovegetativa, un trastorno psicosomático que en su caso se manifestaba en especial a causa de una hipertensión arterial, colon irritable y sudoración profusa en situaciones de tensión. Las constantes situaciones de estrés que sufrió deterioraron su estado mental y físico, en especial en el estómago y el tracto digestivo. La fuerte presión psicológica que vivió hizo que se viera dominado por reiterados ataques de nervios, de ansiedad, mareos y vómitos que no cesaron después de la guerra. Sus gestos y su voz denotaban rabia y agresividad contenidas, pero lo que decía evidenciaba amargura. Sentía que su vida era un fracaso e incluso las alusiones a sus hijos y nietos no calmaban esos sentimientos. Bastaba indagar un poco para darse cuenta de la desesperanza que llevaba consigo. Heini veía el futuro como algo sombrío y no imaginaba cómo continuar su trabajo. Pese a esto, creía que su estado de salud evolucionaría de manera positiva. Era lo único sobre lo que se mostraba un poco optimista. Sin embargo, para el doctor Schwartz era evidente que Heini no tomaba el peso a la gravedad de su trauma ni a las consecuencias que eso generaba en él.

11

En 1940, la escuela recibió varios estudiantes judíos que habían sido expulsados de otros colegios de Brno. Aun así, el curso de Heini tenía muchos menos alumnos que antes, a causa de las tantas familias que abandonaron el Protectorado. La de Oskar, el primer amigo de Heini, fue una de ellas. Heini nunca supo adónde fueron ni cómo estaba su amigo, dado el carácter repentino de su emigración. Solo dejó de verlo, como pasó con muchas de las familias que escaparon en los meses siguientes. En solo un año, la clase pasó de estar compuesta por casi cuarenta estudiantes a menos de diez.

La discriminación hacia los judíos no cesó desde la invasión alemana. El listado de parques y calles prohibidas iba en aumento y fueron solo los primeros entre otros muchos lugares a lo largo de ese año que colgaron letreros que rezaban «Prohibida la entrada a los judíos», sobre todo en el centro de la ciudad. Era cada vez más común ver teatros, cines, bibliotecas, eventos deportivos y de entretenimiento que ya no permitían el ingreso de judíos. Se coartaba cualquier posibilidad de vida social, sin mencionar las nulas oportunidades laborales.

En el transporte público podían sentarse solo en ciertos compartimentos: en la última plataforma de los tranvías y el último vagón del tren y, más tarde, solo en la última fila del último vagón. No podían entrar a restaurantes de la estación de ferrocarril ni a la sala de espera, como tampoco a las demás instalaciones.

Al principio se les permitió hacer sus compras dos veces al día en intervalos de dos horas. Más tarde solo entre las tres y las cinco de la tarde. También tenían restricciones en las oficinas de correo: solo podían utilizar las oficinas designadas y en horarios específicos, para evitar el contacto con el resto de la población no judía.

Eran prisioneros en su propia ciudad.

A pesar de las prohibiciones, algunos judíos mantuvieron una participación clandestina en reuniones sociales y eventos culturales. Muchos también incumplían los tiempos limitados de compra o pedían a sus cercanos que les ayudaran. Algunos comerciantes y agricultores llevaban mercancías directo a sus casas y algunos carniceros vendían la mejor carne solo en los momentos en que los judíos tenían permitido comprar. Nadie quería ser descubierto: lo hacían porque necesitaban la demanda de buenos clientes. Otros se arriesgaban para rebelarse contra el régimen nazi, o para ayudar a sus amigos. Pero todas estas acciones subversivas o benevolentes fueron mermando. El miedo las reemplazaba, porque se oían rumores de castigos severos. Además, los nazis manipulaban la opinión pública: acusaban a los judíos de todos los males que aquejaban a la sociedad, para así tener a la ciudadanía de su lado. El manejo de la prensa y la propaganda antijudía tuvieron gran efectividad y Heini lo percibía en las miradas de vecinos y de quienes antes eran sus cercanos. Lo evitaban, lo observaban con desdén. Ya en febrero de 1941 les ordenaron usar tarjetas de identidad marcadas con una gran «J» roja, para poder comprobar que eran judíos.

Los alemanes se preocuparon de hacer los cambios de forma gradual, para que a nadie le extrañaran las nuevas restricciones.

No habría sido fácil marcar un solo hito que definiera el comienzo del deterioro de la vida judía, pero para Heini eso fue en mayo de 1941, a sus diecisiete años.

Una mañana como cualquiera, Heini estaba en la escuela junto a Jiri y Erich, sumidos en el sopor habitual de las clases, cuando alguien llamó a la puerta. El profesor Miroslav Hrdlička se dirigió a la entrada del salón e intercambió unas palabras casi inaudibles con el hombre que había llamado a la puerta, quien parecía ser un miembro de la policía. Luego de unos segundos, en apariencia sorprendido, se dirigió a los pocos estudiantes que miraban expectantes.

—Tomen sus cosas y vuelvan a sus casas.

Reinó un ruido generalizado por la suma de los comentarios y murmullos de los alumnos.

—La escuela ha sido clausurada —sentenció el profesor Hrdlička.

Los estudiantes se miraron atónitos y, luego de un silencio sepulcral, se desató un alboroto de murmuraciones.

—Y ahora ¿qué? —Se oyó decir en un extremo del salón.

—¡Esperen que le cuente a mi papá! —comentó otro, cuyo padre ejercía un cargo importante en la dirigencia de la comunidad judía de Brno.

Diversas reacciones se generaron tras aquella novedad. Todas tenían tras de sí un sentimiento amargo de frustración e ira, pero sobre todo de incomprensión. Ninguno podía entender cómo era posible un cierre repentino de la escuela ni por qué. Todavía les faltaban dos años para terminar sus estudios. ¿Qué ganaban los nazis con dejar a los niños judíos sin educación?

12

Heini estaba preocupado por Felix, pues le quedaban cinco años de escuela, mucho más que a él, que solo le faltaban dos. No serían aceptados en otros colegios. No tenían cómo seguir estudiando. Felix tenía recién trece años y todavía era muy inmaduro para entender lo que sucedía a su alrededor. Crecía bajo el convencimiento de que las sucesivas discriminaciones eran tan naturales como justas. Ni siquiera tenía a su madre cerca para consolarlo y acompañarlo. Era un niño de baja estatura en ese entonces, pero ya comenzaba a mostrar señales del ansiado estirón que, según las hermanas del doctor Kahn, haría de él un hombre muy apuesto.

Pasaron mucho tiempo juntos el resto del año. Por primera vez, Heini compartía con su hermanastro y superaba el rechazo que desde siempre había sentido por él, reflejo de lo que sentía por el doctor Kahn. Heini incluso lo ayudó varias veces a continuar de manera informal sus estudios e iba a verlo con frecuencia. Nunca había reparado en los detalles de la habitación de Felix. El escritorio respiraba una pulcritud casi obsesiva. Los cuadernos y libros estaban alineados a la perfección, dispuestos en montones simétricos sobre la mesa. A diferencia del escritorio de Heini, los lápices estaban bien afilados y todos los materiales de estudio estaban ordenados con armonía, lo que confirmaba a Heini lo poco o nada que se parecía a Felix. No tardó en notar que era un estudiante ejemplar, lo que concordaba con el carácter que fue descubriendo a medida que lo ayudaba con sus estudios: era un niño lógico, analítico y racional. Seguía las reglas al pie de la letra y con frecuencia se mostraba en exceso obstinado, lo que solía generar roces entre los dos. En eso se parecían bastante.

Heini se movía entre la casa de su abuela y la de su madre, quienes vivían nerviosas y preocupadas. Él quería vivir con su madre para apoyarla, pero tenía la obligación de hacer lo mismo con su abuela.

Fuera de esos dos techos, no tenían una amplia oferta de lugares donde estar. Todo estaba prohibido. Trataron incluso de retomar los estudios con sus libros, pero se les hacía imposible pensar en la escuela cuando el mundo cambiaba tanto con la guerra. Una de las pocas cosas buenas que le sucedieron a Heini durante esos meses fue recibir una carta de su padre, escrita a máquina. No había sabido nada de él desde hacía un buen tiempo.

Querido Heini:

Estoy preocupado. Esta es la cuarta carta que te escribo en dos años y no he recibido respuesta alguna. Me gustaría saber si estás bien y si has recibido las anteriores.

Por si no las has leído, te cuento que estamos en Santiago. La vida aquí es muy distinta a como era en Berlín. No ha sido fácil adaptarnos a la cultura ni al idioma, aquí hablan muy raro. De todas formas, estamos bien. Cada día mejor. La familia de Erna ha sido un gran apoyo desde nuestra llegada y hemos hecho varios amigos de otras familias judías que escaparon de Alemania. Todos me dicen Fritz, pero mi nombre en Chile es Federico.

Cuéntame cómo está todo en Brno. He sabido que en Europa las cosas se están complicando, pero no sé nada de Brno. ¿Cómo está tu mamá? ¿Y tu abuela?

Quiero que sepas que todo indica que no volveremos pronto a Europa. La guerra es algo totalmente ajeno a Chile y no hay ninguna señal de que eso cambie.

Me gustaría que vinieras conmigo a Santiago. Se escuchan rumores y noticias muy desalentadoras sobre la vida en Europa y quiero que estés bien. Necesito que estés bien. No tengo cómo ayudarte desde aquí, pero me gustaría que conversaras con tu mamá para intentar venir. Mi dirección en Santiago es Paseo Puente 558, Santiago.

Te quiero y te extraño cada día.

Papá

La carta era de noviembre de 1940, ocho meses atrás. Por cierto, no podría existir una comunicación fluida, pero de todas formas se sentó a escribir la respuesta, sin tener claro qué decir.

No podía irse de Brno, aunque quisiera. Sentía la responsabilidad de cuidar a su abuela, a su madre y ahora también a Felix, a quien empezaba a considerar como un hermano.

Esa responsabilidad fue el argumento con el que explicó a su padre que no podía abandonar a su familia, a pesar de que él ya no quería vivir en Brno. Además de lo inviable que resultaba a esas alturas conseguir permiso para salir de Europa.

El segundo hito que marcó el cambio de la vida en Brno llegó en septiembre, cuando los judíos fueron obligados a usar una estrella de David bordada en sus ropas. De los once mil judíos que había en Brno, todos los mayores de seis años debían cumplir con la nueva imposición. La estrella era amarilla, del tamaño de la palma de una mano. Tenía una inscripción negra en el medio que decía *Jude*. No podían aparecer en público sin esa estrella visible en el lado izquierdo del pecho. Fue, seguro, uno de los mayores símbolos de discriminación hacia la comunidad judía europea. Siempre hubo prohibiciones y se habían intensificado de a poco, pero ser marcados con un estigma para poder ser reconocidos y controlados era denigrante. Los niños se negaban a arruinar sus ropas; los adultos lo interpretaban como una señal de marcado pesimismo sobre el futuro. No les bastaba con tener sus documentos de identidad marcados con una J: ahora tenían que ser identificados, excluidos y humillados de forma pública.

Heini entró en un colapso nervioso. Transformó su desesperación en rabia y su madre recibió sus gritos. Hacía años que no se enfurecía tanto por algo.

—¿Qué daño hacemos? ¡Es solo una religión!

—Heini...

—¡Vámonos a un lugar en que ser judío no sea un diferenciador! ¡Vámonos con él! —lanzó refiriéndose a su padre.

—Mi amor, tú sabes que no podemos hacer eso. No podemos tener la misma conversación una y otra vez.

Heini continuó con su rabieta por un cuarto de hora. Ya estaba por cumplir dieciocho, pero la impotencia lo hacía enfurecerse como un niño. Helena no encontraba las palabras para ayudarlo. Se sentía igual que él, pero no quería entrar en una discusión.

—Ya eres grande, hijo, debes entender que no somos más que juguetes del gobierno de turno. El ser humano tiene un afán profundo por separar a las personas y ponerlas en una escala de valor. Hoy somos víctimas de ello. Esperemos que no dure mucho tiempo.

El hexagrama es un símbolo religioso y un motivo de orgullo que encarnaba sus raíces, pero utilizado en esas condiciones hacía que el resto clavara sus miradas en ellos. Los observaban con detenimiento, como si estuvieran analizándolos, como si fueran extranjeros. Sin embargo, poco a poco empezó a suceder lo contrario: al ver la insignia bordada en sus ropas las personas apartaban sus miradas y los ignoraban. Fueran niños o ancianos, los evitaban. Nadie quería relacionarse con ellos, un claro triunfo de la propaganda nazi. De todas formas, hubo un puñado de ciudadanos checos que expresaron su solidaridad con la comunidad judía. Muchos fueron castigados e, incluso, encarcelados.

Pensaban que eso era lo más bajo que podían caer. No imaginaban nada peor, pero se equivocaban.

Ya adentrados en el otoño, después de que clausuraran las sinagogas, comenzaron a trasladar a los judíos desde Brno hacia otros lugares de forma masiva. Helena había escuchado el rumor de que los llevaban a una ciudad donde solo vivirían judíos y donde no sufrirían tantas restricciones como en Brno. No sonaba tan mal. Por fin podrían caminar donde y cuando quisieran. Se convencieron de que sería un cambio positivo.

Los traslados eran en grupos de mil personas. Con rapidez, la ciudad se fue vaciando de judíos. En diciembre, Jiri le contó a Heini que había sido notificado: partiría a la mañana siguiente con toda su familia a un nuevo lugar. Había armado una maleta pequeña con un par de tenidas de ropa y sus pertenencias más importantes. Heini estaba confundido y no sabía qué pensar. No tenía claro si era algo bueno o no y se preguntaba cuándo volvería a ver a su gran amigo.

—No olvides escribirme —le dijo Jiri con su implacable sonrisa.

—Claro, lo haré cada semana —respondió con ironía. Ambos soltaron una risotada, encontrando algo de humor bajo un contexto lamentable. Se dieron un fuerte abrazo de despedida.

Heini apenas salía a la calle. No quería exponerse a eventuales peligros y se movía solo para visitar a su madre y para volver a casa. Su decimoctavo cumpleaños, a fin de mes, se celebró de manera íntima. Estaban su madre, Felix, el doctor Kahn y la Oma Pavla. Ni siquiera había ido su tío Karel, hermano de su madre, con su esposa Hana. Tampoco los Breda, porque salir de casa era cada vez menos aconsejable. No pudo ver a ninguno de sus amigos. Fue un cumpleaños amargo, no tenían mucho que festejar. Como cada año, cumpliendo con la tradición de su madre, pidió dos deseos para él y destinó el tercero a alguien más.

Los ánimos se volvieron aún más tensos con el pasar de los días. La Oma Pavla lloraba con frecuencia y nadie tenía argumentos para calmarla. El difícil momento sacaba a la luz facetas desconocidas de cada uno. Vivían un calvario y no quedaba más que esperar a ser enviados a otra ciudad.

—Lo más importante es mantenernos unidos —sostuvo Helena a Heini en una de sus visitas. Su tono de voz evidenciaba, más que preocupación, resignación—. Deberías venir con tu abuela a vivir aquí. Ella estará mucho más tranquila con nosotros y yo también quiero estar ahí para ella. A fin de cuentas, es mi madre.

Heini era testarudo, pero aquella vez accedió a hablar con su abuela. Notó lo entregada que estaba su madre en esas palabras, rendida ante un panorama incierto y oscuro.

Era una tarde bañada en frío y oscuridad bajo densas nubes de plomo, que parecían presagiar lluvia. Las calles languidecían entre la turbia neblina. Camino a su casa, el viento le mordía la piel y apenas podía ver a unos metros de distancia. Ya se dejaban sentir las primeras gotas de lo que parecía una tormenta segura. Había olvidado sus guantes y le costó sacar las llaves de su bolsillo, sus manos estaban tiesas. Cuando al fin lo logró, se percató de que la puerta de su casa no estaba cerrada. La empujó y, al mirar hacia adentro, su corazón se sobresaltó y soltó un grito ahogado. Toda la casa estaba desordenada, llena de cosas en el piso. Cuadros, cajones completos, ropa, lámparas, adornos. Como si su abuela se hubiese enfrascado en una fuerte discusión o en una pelea. La llamó en voz alta, pero no obtuvo respuesta. La mesa del comedor estaba volteada y había un par de vidrios rotos. Volvió a intentarlo una vez más, desesperado. Fue en vano. Fue hasta la habitación de su abuela y vio más desorden. Algo estaba mal de verdad. El armario estaba abierto, había ropa encima de la cama y faltaban varias prendas.

Heini vio un papel en el piso, medio arrugado. Le llamó la atención y lo leyó. Era la notificación de traslado de la Oma Pavla. Por alguna razón que él no entendió, la había ocultado de su nieto y del resto de su familia.

Heini se vio inundado por una fuerte sospecha sobre el asunto de los traslados. De seguro no era algo bueno, como decían. La casa demostraba la agresividad con la que habían sacado a su abuela, que tenía sesenta y siete años. Nunca había sentido odio real antes de ese día. ¿Por qué necesitarían hacer tanto daño? Dando una vuelta por la casa se dio cuenta de que los restos del jarrón de porcelana que solía estar junto a la radio estaban repartidos por todo el piso. Las flores yacían a su lado, junto al agua derramada. Esto no está nada bien, pensaba, desorientado. Invadido por la ira, daba vueltas de un lado a otro sin tener claro adónde ir ni qué buscar. Ese sentimiento mutó a culpa con rapidez y salió sin ordenar nada, directo a la casa de su madre. La lluvia ya había cubierto por completo el paisaje, desdibujando la ciudad bajo un telón de terciopelo. Heini salió sin paraguas. Comenzó a correr evitando pisar los charcos que la lluvia había sembrado en el último cuarto de hora. Mientras corría, pensaba en cómo reaccionaría su madre cuando le contara lo que acababa de pasar, pero ella se le adelantó sin siquiera reparar en que su hijo estaba empapado. Al llegar, ella le comentó que la familia Breda había sido deportada. Él, por su parte, no esperó un segundo y le contó lo que había encontrado en casa de su abuela hacía unos instantes. El pánico se apoderó de ambos. Helena se descompuso y tuvo que acostarse en el sofá. El peligro se sintió demasiado cercano.

Quedaban los cuatro: Helena, Felix, el doctor Kahn y Heini. Ese mismo día Helena suplicó a su hijo y decidieron vivir juntos. Como una familia, esperaron el inevitable día de su traslado.

Llegó dos meses después, pero solo para Heinz, quien fue notificado a través de una carta de que su deportación sería al día siguiente, el 31 de marzo de 1942. Le tocaba irse solo.

SEGUNDA PARTE

13

Heini debía presentarse en plena madrugada en una escuela ubicada en la calle Merhautova. Desde allí sería trasladado en un tranvía a la estación de trenes, desde donde partiría hacia su nuevo hogar: Terezín, un gueto ubicado a unos sesenta kilómetros de Praga. Si bien estaría solo, sin su familia, por un momento la idea del traslado no le pareció tan perturbadora. Incluso podría reencontrarse con algunos amigos.

—Los últimos años hemos cuidado nuestra forma de actuar para no generar resentimiento ni antisemitismo —le explicó su madre antes de partir—. En este nuevo lugar podremos ser nosotros mismos. Comportarnos sin pensar en lo que dirá el resto. Y ya verás que nos veremos allá.

Se despidió de ella, de Felix y del doctor Kahn. Tenía la esperanza de verlos algunos días más tarde porque los nazis transportaban con rapidez a los judíos del Protectorado. Solo en las últimas dos semanas, más de cuatro mil habían sido forzados a abandonar Brno para dirigirse a Terezín. Era cuestión de tiempo.

Su documento tenía el código Af-734, que indicaba el transporte de ese día y su número de identificación entre los pasajeros del transporte. Debía llevar su número distintivo en una cadena colgada al cuello que mantuvo durante todo el traslado, en vagones de tercera clase junto a otros mil deportados. Eran oscuros. No había ventilación. Se diseñaron para trasladar muchos menos pasajeros que los que había esa madrugada. Reinó el alivio cuando el tren por fin se detuvo en la estación de Bohusovice, a tres kilómetros de Terezín. Se les ordenó a todos que descendieran del tren. Debían terminar el viaje a pie, cargando su equipaje. Heini acató la orden sin problemas, pero había ancianos, niños y mujeres que avanzaron con dificultad cargando sobre sus hombros sus pesadas valijas. Marcharon hacia el gueto bajo los gritos atemorizantes de los oficiales de las SS. Reinaba una sensación de desorientación. Heini no terminaba de entender qué pasaba y percibía que ninguna de las personas que lo rodeaban lo entendía.

Luego de varios minutos, fueron dirigidos a unos calabozos subterráneos, oscuros y húmedos. Lo llamaban «esclusa», una especie de estación de transición para llegar a Terezín. Transitaron por un proceso de registro supervisado por guardias. En medio del caos y el ruido de la muchedumbre, los trabajadores anotaban los nombres de los recién llegados, sus fechas de nacimiento y profesiones, entre otros datos. Heini oyó que a una señora de unos cuarenta años que estaba delante de él en la fila, le preguntaron si estaba embarazada y si tenía familiares no judíos. No pudo ver cuando la llevaron a una habitación para realizarle un brusco examen ginecológico con el fin de confirmar si su respuesta era cierta y, además, revisar si escondía bienes en sus partes íntimas. Escuchó también que a un hombre mayor le preguntaron si había participado en la Primera Guerra Mundial. No entendía por qué hacían ese tipo de consultas.

Antes de que llegara su turno, Heini escondió su collar entre su ropa, dentro de la maleta. La chequearon para revisar si tenía elementos prohibidos. No encontraron el collar con la mezuzá. Solo le confiscaron una linterna. Le aseguraron que se la devolverían al llegar a su habitación, pero nunca la recibió. Le raparon el cabello. Inspeccionaron con detalle cada centímetro de su cuerpo. La revisión lo incomodó. Era invasiva, humillante. Esa bienvenida echó a la basura sus expectativas sobre la vida en el lugar. Luego de casi treinta minutos, el proceso terminó con la entrega de cupones para alimentación y tarjetas de identificación. Así, Heinz se convirtió oficialmente en habitante del gueto.

Terezín era una ciudad pequeña, construida por el emperador austríaco José II a mediados del siglo XVIII, como una fortificación contra el ejército prusiano. Más tarde fue un pueblo militar checo, época en la que vivían cerca de siete mil personas, entre soldados y civiles.

El lugar estaba rodeado de un muro en forma de estrella con múltiples puntas. Dentro de él había doce barracas de varios pisos y muchas casas pequeñas, sucias y descuidadas, donde se respiraba polvo en cada milímetro. En el perímetro exterior había un foso profundo. Fuera de los muros del gueto, estaba «la Pequeña Fortaleza», un espacio que sirvió como prisión. Su puerta de entrada estaba coronada con el lema *Arbeit Macht Frei* en su marco, escrito en alemán. «El trabajo libera.»

A Heini se le revolvió el estómago cuando entró a la habitación que le asignaron. El lugar era pequeño, estaba diseñado para no más de diez personas y, sin embargo, debía compartirlo con varias decenas de otros hombres. El espacio estaba abierto por completo, no tenía camas ni colchones. Apenas entraba luz natural. Una intensa humedad lo azotó en cuanto cruzó el umbral de la puerta, junto con un desagradable y penetrante hedor a podredumbre.

Como no tenía ningún tipo de privacidad, Heini tuvo que cambiarse, asearse, comer y dormir en frente de desconocidos. Nunca olvidó esa primera noche, en la que durmió sobre el piso duro, húmedo y polvoriento. Estaban tan apretados unos con otros que Heini no podía siquiera girar su cuerpo sin pasar a llevar a quienes tenía a su lado. Le tomó horas conciliar el sueño. Los ruidos se mezclaban, entre ronquidos y llantos de aquellos que caían en la desesperación. Una sensación de soledad lo envolvió de improviso. Ya no tenía a su familia con él, no había visto a ninguno de sus amigos y tampoco a la Oma Pavla. Necesitaba saber cómo estaba su abuela. No se imaginaba cómo estaría llevando las deplorables condiciones del gueto a su edad.

Le bastó una noche para comprender que algo estaba muy mal.

Los primeros días les asignaron un trabajo general, igual que a la mayoría de los recién llegados. Tenía que palear carbón junto a un grupo de jóvenes checos. Reconoció un par de caras conocidas de la escuela y de sus tardes de fútbol en el campo deportivo Maccabi. Jóvenes que él recordaba alegres y divertidos, pero que ahora tenían un semblante que desnudaba tristeza y desesperanza, pese a que habían llegado hacía solo unos días. «¿Qué es este lugar?», pensaba día tras día Heini, acumulando tensión en sus músculos, bajo una desconocida presión psicológica.

—Heinz, ¿verdad? —le dijo uno de ellos. Heini asintió.

—Soy Jan. Alguna vez me hiciste varios goles en Maccabi. Tienes talento. —Sonrió cansino, al tiempo que le tendía la mano. Heini se sonrojó y no pudo evitar reír. Estrechó la mano de Jan.

—¿Tú también llegaste recién?

—Llevo una semana aquí.

—¿Y? ¿Qué tal?

—Parece un lugar duro —comentó Jan alicaído—. Mi papá está enojado por el arduo trabajo. Mi mamá y mis hermanos pequeños, en cambio, al menos están felices porque están juntos.

—¿Tu familia está aquí?

—¿La tuya no? —preguntó extrañado Jan. El muchacho tenía constitución de luchador, pero al mismo tiempo evidenciaba varios kilos de más. En todo momento retiraba su melena rubia del rostro con un movimiento rápido de su cabeza—. Todos llegaron aquí con sus familias.

Heini bajó la mirada.

—Ven. —Jan lo tomó por el hombro al advertir su angustia y lo presentó con el resto.

La monotonía y la rutina marcaron las primeras semanas. Trabajaba todo el día y tenía pausas solo para comer y dormir. La comida y sobre todo el hambre eran los temas más relevantes dentro del gueto. Para ir a las cocinas, asignadas según sus lugares de trabajo, cada persona tenía que llevar sus propios utensilios. Dos veces al día, filas de horas antecedían una ración exigua que a Heini le hacía echar de menos la comida preparada por su madre. Una vez estampados sus cupones de alimentación notaban que las cantidades eran pocas y que carecían de sustento nutricional. Eran alimentos altos en almidón, bajos en grasas y proteínas, y con poquísima fibra. Casi no se incluían frutas ni vegetales. Cada tres días recibían algo de pan para desayunar. Cada rebanada se transformó en un bien preciado, que servía como carta de negociación para obtener otras cosas.

Quienes hacían labores pesadas recibían más que el resto. Los más afectados fueron los ancianos, que no demoraron en perder peso, y mostraban hendiduras en sus costillas y pómulos. Se comenzaron a divisar figuras enjutas y huesudas en todas las calles del gueto. Heini era un poco más afortunado: los jóvenes checos eran el grupo más acomodado dentro de la sociedad del gueto.

Otro tema serio eran los baños. Horas de pie en filas para acceder a letrinas inmundas. Cuando hacía frío, sobre todo en otoño e invierno, ir al baño era imposible para algunos. Era humillante. Había quienes no se aguantaban y defecaban en cualquier lugar, incluso en sus propias barracas. Y todos vivían con el olor de los desechos.

Luego de los trabajos generales, Heini fue asignado a un trabajo en la Jugendfürsorge, la Oficina de Bienestar Juvenil, que se encargaba de cuidar a niños y adolescentes, quienes representaban un diez por ciento del total de la población de Terezín. Los jóvenes de mayor edad fueron asignados al hogar para jóvenes trabajadores. Escuchar una voz familiar lo alivió por primera vez desde su llegada a Terezín.

—¡Henry! —Heini levantó la cabeza para reencontrarse con el rostro alegre y tranquilizador de su amigo Jiri. Se acercó a él y le dio un fuerte abrazo—. Qué alegría volver a verte.

—Casi medio año sin vernos. ¿Cómo has estado?

—Bien, bien. —Jiri asentía sin convencimiento—. Es duro este lugar, pero al menos no sufrimos discriminación. Y están mis padres acá. ¿Llegaste con tu familia?

—No —respondió cabizbajo—. Llegué hace un par de semanas, pero estoy solo. Sé que mi abuela está aquí. No he podido verla todavía.

—Ahora estás conmigo —lo animó Jiri—. Estemos juntos para apoyarnos entre nosotros. Si yo no soy suficiente, puedes hablar con Josef, que tiene una personalidad tan divertida que te hará olvidar todo problema. —Josef era un muchacho de Praga que, al igual que Heini, tenía dieciocho años. Llegó a Terezín poco después que Jiri y pronto hicieron buenas migas trabajando juntos en la Jugendfürsorge. Con solo un par de conversaciones, Heini llegó a considerarlo un amigo dentro del gueto, gracias a su optimismo y energía. Pavel Breda también trabajaba en la Jugendfürsorge, por lo que Heini lo veía con frecuencia.

Helena, el doctor Kahn y Felix llegaron a Terezín solo cuatro días después que Heini, pero no los vio ni supo nada de ellos durante meses. Recién en el verano se enteró de que habían llegado y por fin pudo compartir con ellos. También encontró a la Oma Pavla, y a los padres de Pavel. Helena no dejaba de abrazarlo cuando lo vio. Su reencuentro con Heini en la plaza central del gueto fue el consuelo que ninguno de los dos había encontrado hasta entonces.

Felix también se incorporó a la Jugendfürsorge, en un grupo distinto al de Heini. Vivía con más niños de su edad, en relativo aislamiento de las duras condiciones del gueto. Su cuidado era responsabilidad de diversos profesionales, además de líderes recreacionales, o *madrijim*, por su nombre en hebreo, quienes vivían con ellos y se preocupaban de su educación y bienestar.

Para los adultos, el hacinamiento se volvía cada vez más insoportable. Miles de judíos llegaban cada semana y la ciudad no daba para más. Las calles estaban atestadas de personas que vestían la estrella de David en el pecho. Se construyeron literas de tres pisos dentro de las barracas, permitiendo que cada prisionero tuviera su lugar, pero la incomodidad persistió. Los espacios eran irrisorios y era imposible dormir por el calor y lo repletas que estaban las barracas. Heini vio que varios colgaban clavos en la pared para sostener elementos personales. Otros hacían especies de estantes, para crear una sensación de hogar que no era real.

El suministro de agua y electricidad colapsó. Durante el otoño, la población era casi diez veces la que tenía el gueto antes de la guerra. Desde que Heini llegó, el número de habitantes se había cuadruplicado y las muertes diarias habían aumentado quince veces. Todos los días morían más de cien personas. La mayoría por hambre. En un comienzo, los muertos eran enterrados en fosas comunes cerca de Bohusovice, el pueblo donde estaba la estación en la que bajaron del tren al llegar. Sin embargo, se volvió tal la cantidad de cadáveres que los nazis decidieron construir un crematorio, para que se convirtieran en cenizas. Comenzó a funcionar en septiembre de 1942. El humo que salía de las chimeneas era una fría muestra de lo que pasaba con los judíos de toda Europa.

Pero la fuerza de adaptación del ser humano no tiene límites. Las personas se acostumbran a todo, incluso a Terezín, donde se hizo habitual ver cuerpos esqueléticos rogando por comida, personas agonizando en su propia suciedad y cadáveres apilados en las calles.

A sus sesenta y siete años, la Oma Pavla pertenecía al grupo más vulnerable del lugar: la tercera edad. Sin embargo, trabajaba en una de las cocinas y todos los días robaba algunas papas, lo que sirvió para paliar la hambruna. El robo solo era mal visto cuando la víctima era otro prisionero, por eso lo que hacía su abuela no era considerado un delito moral. Las papas las cocinaba y compartía con su familia en su barraca, y en alguna que otra ocasión las usaba como moneda de cambio.

—Esto nos va a servir después —solía repetir—. Esta papa se convertirá en fruta, dinero o en algo más útil.

«Vieja sabia», pensó Heini la primera vez que escuchó eso. Sus trueques los sacaron de innumerables problemas y apuros durante ese año. Y así como su abuela sacaba papas de la cocina, el resto contrabandeaba otros bienes según sus trabajos o contactos, siempre a escondidas de los nazis, que amenazaron con fuertes castigos cuando descubrieron que el contrabando era una práctica habitual en el gueto. Además de comida, sobre todo pan, se contrabandeaba con ropa o hasta servicios sexuales. A pesar de que fumar estaba prohibido, los cigarros eran uno de los productos más codiciados y los prisioneros solían hallar la forma de fumar a escondidas. El doctor Kahn era un cliente frecuente; el estrés por las condiciones del gueto profundizó su adicción al tabaco. Estaba a cargo del hospital de tuberculosis en los cuarteles Genie. La labor lo mantenía más estable, a diferencia de la gran mayoría, que tuvo que cambiar su vida de manera radical. Además, muchos otros trabajos eran denigrantes, extenuantes y monótonos.

También recibía una ración más grande de comida, cuestión que aplicaba a todos los doctores, pero en especial a los que trabajaban en el hospital de tuberculosis. Y es que el trabajo era riesgoso y la enfermedad, contagiosa y letal. El hacinamiento de Terezín empeoraba las cosas. De todas formas, en el recinto recibían pacientes de todo tipo. Muchos ancianos iban para escapar de la soledad. Otros, porque el cuidado era gratuito y permitido a judíos, no como antes de su deportación.

Heini no tuvo la oportunidad de conversar con Felix hasta septiembre de ese año. Su hermano menor le contó que pasaba los días junto a varios niños de su edad, haciendo diversas actividades de esparcimiento y educación, siempre a cargo de su *madrij*, Kurt, un joven también proveniente de Brno, de unos veinticinco años. Felix hablaba de él con admiración. Comentó que era parte de un movimiento juvenil sionista llamado He-Halutz y que solía hablar con pasión de su gran anhelo: emigrar a Palestina.

Fuera de Kurt, todo lo que relataba Felix estaba teñido con un tono depresivo. Tenía solo catorce años y le costaba entender qué pasaba a su alrededor. Vivía con miedo. No soportaba la hostilidad que se vivía en el gueto.

—¿Cuánto tiempo crees que estaremos aquí? —preguntó Felix, cabizbajo. Ambos estaban sentados sobre el colchón donde dormía Helena.

—No lo sé, pero verás que nos iremos más pronto que tarde.

—Los nazis prohibieron que nos eduquen en la Jugendfürsorge. Estábamos aprendiendo muchas cosas que dejamos de ver en la escuela.

—No creo que dejen de enseñarles. Seguro que encontrarán la forma de educarlos a escondidas.

—No quiero seguir aquí. Los días son todos iguales y aburridos.

—No pienses en eso, Felix. Varios de tus compañeros de la escuela viven cerca. Además, escuché que se están organizando partidos de fútbol. ¿Has visto alguno?

Felix negó con la cabeza.

—Están haciendo equipos según las labores en el gueto. Juegan en el bastión. —Heini notó una sonrisa tímida en el rostro de su hermanastro—. Podríamos ir un día a ver un partido.

Rodeó su cuello con el brazo y se acercó, adoptando un rol protector. Tenía que convertirse en el soporte que el pequeño necesitaba para expresar lo que sentía y escuchar palabras optimistas. Heini lo vio madurar muy rápido y de una forma muy triste, forzada bajo las circunstancias desoladoras que vivían.

Helena entró a la barraca y, al verlos abrazados, se acercó emocionada y, en cuclillas, les sonrió como solía hacer: ocultando toda tristeza que pudiera sentir para mostrarse fuerte y alegre.

—Los quiero mucho, niños —y apretó las manos de ambos—. Ustedes no se merecen esto. Debemos mantenernos juntos como familia.

Les habían hablado de Terezín como un lugar privilegiado para llevar una vida judía. «Un lugar privilegiado donde las personas mueren como moscas a diario», se repetía Heini con ironía y rabia. Hacia el final del año, las enfermedades como el tifus aumentaron, producto del hacinamiento y el frío. Las muertes no cesaban.

Le costaba comprender que ya había pasado casi todo un año desde que dejó Brno. En un principio los días se le hacían eternos, pero luego, dada la agobiante y monótona rutina, el tiempo parecía transcurrir con mayor rapidez. No existía el calendario en Terezín. Las semanas y los meses se perdían veloces ante sus ojos, junto con las esperanzas de abandonar ese lugar.

Luego de sus extensas jornadas de trabajo en la Jugend-fürsorge, Heini aprovechaba las tardes para distraerse y estar con Felix, Jiri, Josef, Pavel y otros de su edad que había conocido en el gueto. Otras tardes, antes del toque de queda, solía visitar a su madre y también a la Oma Pavla, que estaba cada vez más débil. Las condiciones higiénicas en las que vivía y la escasez de agua y comida habían acelerado su envejecimiento, cuestión que empeoró con el penetrante frío a fines de año. Su minúscula habitación era el ático de una barraca que no tenía ventanas y que estaba expuesta al frío, que comenzó a intensificarse durante el otoño. Los ancianos a su alrededor rogaban por comida, aquejados de un hambre permanente. Una mujer que estaba acostada a metros de distancia tenía los ojos cavernosos y temblaba sobre su colchón. Un hombre al otro lado resollaba y tosía con visible dolor. Tenía las extremidades reducidas a huesos. Esa realidad era más desesperante que la del resto de los prisioneros y de seguro era así a propósito: las peores condiciones para quienes tenían menores probabilidades de sobrevivir. La muerte rondaba cada día por las barracas, acechando sobre todo a los ancianos, a los hambrientos y a los más débiles.

En una oportunidad, en diciembre, Heini la encontró acostada y muy disminuida. No había ido a su trabajo en la cocina desde hacía dos días. La aquejaba un fuerte dolor abdominal y de espalda. Además, tenía fiebre y tos. Sentía la responsabilidad de cuidarla. Se quedó con ella y la atendió, mirando cómo sufría. Mantenía una mirada vacía, de pérdida. Al día siguiente, Heini se escapó del trabajo para estar con ella y con su madre. Seguía muy débil, pero se veía mejor que el día anterior. Pensaban que su enfermedad estaba pasando.

Así estuvieron varios días, hasta su muerte, la noche del 12 de diciembre. Cuando Heini llegó a la habitación donde dormía la Oma Pavla, su madre lloraba, acompañada del doctor Kahn y del tío Karel con Hana, su esposa.

1900-23.X1944 TEODOR 8.XII 1926-28.IX 1944 PETR FR. 8.IV 1931-2
1904-27.IV 1942 EVA 22.IV 1931-27.IV 1942 HYNEK 8.II 1852-14.X 19
1896-25.IV 1942 RŮŽENA 13.II 1890-15.IV 1942 BEDŘICH 21.V 1925-
ROBERT 23.VIII 1890-1.X 1944 RUDOLF 30.IV 1881-15.I 1942 KLÁRA
RŮŽENA 25.II 1916-18.IV 1942 DORIT 3.I 1931-4.X 1944 ELSA 22.IV 189
1859-1.IV 1942 RŮŽENA 6.III 1869-15.X 1942 ZUZANA 1.XI 1870-22.II5
-18.XII 1943 JOKEL EMIL 27.III 1891-15.I 1942 KAREL 20.I 1888-16
JUCKEROVA MELANIE 23.VIII 1904-1.IV 1942 JUKER JAKUB 2
25.IX 1899-15.I 1942 HUGO PETR 8.V 1925-15.I 1942 ERIKA 2.VII 19
RŮŽENA 12.VIII 1893-15.X 1942 GERTRUDA 4.V 1892-9.II 1942 I
-1.III 1943 CHAJA DVOJRA 8.VIII 1907-1.III 1943 EDVARD 24.VII 19
KAREL 10.X 1898-23.X 1944 HELENA 29.VIII 1899-23.X 1944
IRMA 7.VII 1899-12.X 1944 KAISER EMIL 31.V 1884-15.I 1942
MOŘIC 5.VII 1890-29.IX 1944 MARTA 13.XII 1918-9.X 1944 CTIBOR
1941 KANTNER JOSEF 6.I 1883-18.XII 1943 KANTOR EMANU
SARA 7.IX 1893-23.IV 1942 HELENA 15.VI 1871/23.IV 1942 KAPERL BI
12.II 1889-25.VIII 1942 KARAS ARNOŠT 29.V 1914-1.X 1944 KARN
25.IV 1942 GISELA 19.VII 1900-25.IV 1942 KITY 19.11927-25.IV 1942 AL
1908-1.IV 1942 MARIE 22.II 1856-5.V 1942 REGINA 2.11872-19.IX 1942
KAREL 9.XI 1880-9.[I 1942 JULIE 30.VII 1888-9.II 1942 KASMA
1898-23.IV 1942 SOŇA 28.X 1924-23.IV 1942 PAVLA 26.XII 1882-9
23.VII 1887-15.I 1942 BEDŘICH 13.V 1894-13.VI 1942 REGINA 11.X
1879-13.VII 1942 OTA 3.XI 1916-27.II 1945 MARTA 30.X 1914-1.X 194

Inscripción con los nombres de Karel Kahn y de Helena Kahnová en la sinagoga
Pinkas, en Praga.

Heini junto a sus padres, Helena y Fritz, en los años veinte.

Felix y Heini junto al soldado que los acompañó luego de la liberación. Mayo de 1945.

Llegada de Heini a Chile. Abajo, su padre viéndolo llegar a Valparaíso.

Nur auf Zelluloid: Fußballspiel auf dem Lagerplatz

Recorte de un periódico donde aparece Pavel Breda (a la derecha) jugando fútbol en Terezín, durante el rodaje del documental. Heini llevó el recorte a su hermano Moshé Breda a Israel en los años sesenta.

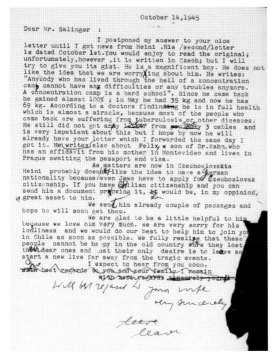

October 14, 1945

Dear Mr. Salinger :

       I postponed my answer to your nice letter until I got news from Heini .His /second/letter is dated October 1st.You would enjoy to read the original; unfortunately,however ,it is written in Czech; but I will try to give you its gist. He is a magnificent boy. He does not like the idea that we are worrying about him. He writes: "Anybody who has lived through the hell of a koncentration camp cannot have any difficulties or any troubles anymore. A concentration camp is a hard school". Since he came back he gained almost 100% ; in May he had 35 kg and now he has 69 kg. According to a doctors findinng he is in full health which is almost a miracle, because most of the people who came back are suffering from tuberculosis or other diseases. He still did not get any letter from my only 3 cables and is very impatient about this but I hope by now he will already have your letter which I forwarded the same day I got it. He writes also about Felix a son of Dr.Kahn,who has an effidavit from his mother in Montevideo and lives in Prague awaiting the passport and visa.

       As matters are now in Czechoslovakia Heini probably doesnt like the idea to have a German nationality because even Jews have to apply for Czechoslovak citizenship. If you have Chilian citizenship and you can send him a document proving it, it would be, in my oppinion, a great asset to him.

       We send him already couple of packages and hope he will soon get them.

       We are glad to be a little helpful to him because we love him very much. We are very sorry for his lonliness and we would do our best to help him to join you in Chile as soon as possible. We fully realize that these people cannot be happy in the old country where they lost their dear ones and that their only desire is to leave and start a new live far away from the tragic events.

       I expect to hear from you soon.

With best regards to you and your family I remain with best regards sincerely yours

With best regards to your wife
very sincerely,

leave
leave

Carta de Hanko a Fritz. Octubre de 1945. Pavel and Winn Family Collection.

Dear Mrs. Winn,

Many thanks for your kind letter, dated 13th. inst. enclosing Heini's letter which has been a great joy to us. How kind of you and your sister to have forwarded so fine packages to Heini. Have you got already confirmation that he has received them; Jmagine that 3 big parcels sent in July and August, forwarded by the Chech Committee and the Red Cross have not yet arrived in C.S.R. What a pity, as they contain many things of great value to Heini who will to have to pass through a sharp winter. –

Enclosed you find a cheque amounting to $ 25.– Please use it, dear Mrs. Winter in the best way you think, sending money or a package to Heini, if you are sure that he will get it. And settle, please, your own expenses you have by the correspondance between Heini and me. Jf you do'nt accept it, give the equivalence to the Chech Red Cross or any other institution you think in place.

Would you be so kind to forward to Heini what J enclose: letters of my parents and me, and 2 pictures ? J should like to let him have all what might enjoy him in his loneliness. Please excuse the trouble J cause to you, but seeing the good result and Heini's elevated state of mind, J dare beg you again to help us until Heini is out of Europe.

With reiterated thanks and best regards to you and all your parents we remain
yours
Fritz and Erna Selinger

Carta de Fritz a Hanko. Noviembre de 1945. Pavel and Winn Family Collection.

Carta de Heini a Hanko luego de su llegada a Chile. Agosto de 1946. Pavel and Winn Family Collection.

Fracasó ayer un asalto a un cambio céntrico eefctuado por un joven

Quedó frustrado un asalto a un cambio en la mañana de ayer. Un joven sin antecedentes policiales, intentó el atraco que falló por la serenidad de unos de los asaltados y también por no estar el dinero donde el asaltante supuso.

El joven que intentó el asalto al ver frustrados sus planes, huyó en un taxímetro para, luego de verse acorralado, adoptar trágica resolución.

Hecho en realidad inexplicable, pues el delincuente gozaba de buena reputación y es de familia honorable, dedicada al trabajo, y de situación económica desahogada.

El parte policial dice al respecto lo siguiente:

El jueves a la hora 18, una persona que dijo llamarse Félix Kahn Goldstein, concurrió a la Casa de Operaciones Financieras Money, sita en Ituzaingó 1433 y apersonándose al Sr. Marcos Pascual López, que es componente de la firma, le expresó que tenía $ 150.000 nacionales argentinos, para vender y quería saber a qué precio los compraban en cambio libre. Enterado de los detalles de la operación que se proponía efectuar, Kahn se retiró del comercio quedando de regresar en el día de ayer, a la hora 8.10. Volvió ayer al Cambio en el taxímetro 95-391, guiado por Adolfo Gómez Muñoz, domiciliado en Chiavari 2940, al cual había ascendido en la parada de Agraciada y San Martín. Una vez en el interior del Cambio, Félix Kanh Goldstein, que es

¡Al P.I.B. Ros & Cefa......

polaco, soltero, de 23 años, domiciliado en Obligado 974, se apersonó nuevamente al señor Marcos Pascual López y apuntándole con una pistola marca M.A.B. calibre 6.35 mm., le indicó que abriera la caja de seguridad, lo que hizo el cambista, pero como en ella no había dinero, alguno, ya que por previsión fué sacado por los propietarios del negocio con anterioridad a la llegada de Kahn, éste le dijo a Marcos Pascual, que hiciera pasar al interior del comercio a dos personas que pertenecían al mismo y se hallaban en la puerta de acceso, pero en ese mismo instante, el Sr. Francisco Pascual López, hermano de aquel, logró saltar por encima del mostrador y salir a la calle profiriendo gritos de alarma, lo que motivó que el atacante se diera a la fuga, apoderándose de dos porta-folios que estaban sobre el mostrador y que tampoco contenían valores.

FUGA DEL ASALTANTE

Una vez en la vía pública, Kahn ascendió al mismo taxímetro, cuyo conductor ignoraba lo que ocurría, y le indicó que continuara por Ituzaingó a Rambla Roosevelt, por ésta a Zabala hasta la Rambla Francia, donde amenazó al taximetrista con la pistola, haciéndole detener la marcha del coche y luego abandonar el mismo, tras lo cual tomó el volante y agran velocidad, siguió por la Rambla hasta el Este. Mientras tanto el Sr. Guillermo Kionh, domiciliado en Tomás Diago 782, perteneciente al Cambio Money, siguió al taxímetro en el auto 70-846, que guiaba Roberto Hernández, domiciliado

en Charrúa 2244 y al llegar a la Rambla y Misiones, donde estaba de fracción el agente Braulio Morales de la Seccional 14, enteró a éste de lo ocurrido, subiendo el guardia civil, al auto, siguiendo la persecución del taxímetro. Al llegar frente al Teatro de Verano, debido a la excesiva velocidad que llevaban, el taxímetro viró hacia la izquierda, quedando en sentido contrario y al parecer con la dirección trancada, por lo que Kahn, descendió del vehículo con la pistola en la mano derecha y al notar la llegada al lugar del agente Morales y efectuarle éste un disparo al aire con el revólver de reglamento, Goldstein, al verse acorralado, adoptó trágica resolución.

VOLCO UN CAMION

En circunstancias que el camión 86.063 guiado por Julio Martínez Collazo, oriental, casado de 21 años, domiciliado en Gral. Aguilar 1120, circulaba por Grecia al Norte, al llegar frente al N.o 3571 para evitar chocar con otro vehículo — que pretendía pasar a un ómnibus lo cortaba el paso — viró hacia la derecha, yendo a chocar contra un árbol volcando. Los acompañantes Rubén Guillermo López Irzulzamo, oriental soltero de 24 años domiciliado en Montero Vizauriesta 54, resultó con erosiones en la mano derecha y el menor Ovidio Fernández, oriental, de 16 años, domiciliado en Martín Herinduaque 671, con una contusión en el brazo izquierda quedando internado en observación en Traumatología. López Irguizamo pasó a su domicilio. Conductor emplazado.

Extracto del periódico uruguayo *El Bien Público* con la noticia que relata la muerte de Felix. Enero de 1951.

Eva y Jiri en Brno. 1946.

Eva y Heini en su reencuentro en Brno. 1992.

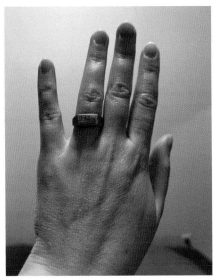

El anillo que Jiri regaló a Eva, ahora en manos de la nieta de ella, Susanne Pytela.

La estrella de David que Heini conservó luego de la guerra.

La mezuzá del collar que conservó Heini durante toda la guerra, hoy en una pulsera.

Heini junto a su esposa Käte, y seis de sus nietos. 1993.

14

Heini no podía sacar de su cabeza la muerte de la Oma Pavla. Los nazis le habían quitado a su abuela. La mataron. Le dieron un final miserable. Felix, cada día más adulto y deprimido, lo acompañó en el duelo. También Helena, que se tragó la pena para mostrarse fuerte ante su hijo.

—Tengo miedo de lo que pueda pasar, mamá —comentó sollozando—. ¿Hasta dónde puede llegar esto?

—Recuerda nuestro ritual —se apresuró a responder, llevando su mano al estómago—. Tres respiraciones profundas y pensar en algo que te haga feliz para pasar el miedo.

Ella fue el principal pilar para Heini durante esas semanas, consolándolo con sus características palabras de sabiduría.

—La Oma no morirá hasta que la olvidemos —solía repetir para darle ánimo.

Jiri también estuvo muy presente. Ese verano había comenzado a salir con Eva Beerová, una chica de su edad que había llegado a Terezín pocos meses atrás. Antes de su deportación vivía en Holešov, una ciudad al este de Brno. En las tardes paseaban por las tristes y roñosas calles del gueto. Al principio Heini los veía poco, pero luego de la muerte de su abuela se acercaron. Eva trabajaba como agricultora en los campos a las afueras del gueto. Su cabello, que hasta hacía algunos meses era rubio y ondulado, perdió su color y ahora estaba opaco, seco y quebradizo. Se peinaba para Jiri, pero en Terezín no era fácil mantener un buen aspecto.

—Eva es increíble, Henry —le confesaba arrobado, con ojos de enamorado—. Es inteligente, muy interesante y tiene una fuerte convicción por lo que cree que es correcto. Además, estalla de risa con mis chistes.

—¿Tus chistes de papá? —atinó a responder Heini con una risa burlona—. Suena perfecta para ti, Jiri. Me gusta verte así de loco y feliz. Ahora me entiendes cuando te hablaba de Frantiska hace algunos años.

Desde su mudanza a Brno, Heini no había tenido mucho contacto con personas de fuera de la ciudad, salvo Josef, con quien compartía de vez en cuando. Aparte de las vacaciones con su padre en 1933 y 1936, casi no había salido de allí. Hasta que conoció a Eva no sabía bien cómo vivían los judíos en otras partes. Ella contó que en Holešov vivieron las mismas restricciones que en Brno. Desde el fallecimiento de su padre, ocho años antes, dejaron la ortodoxia y pasaron a vivir una vida más tradicionalista, celebrando las festividades judías como Pesaj y Rosh Hashaná. Pero sus vidas dieron un vuelco a partir de 1939, cuando el antisemitismo se intensificó y les gritaban en las calles, ya no podían acceder a ciertos lugares públicos y tampoco los dejaban salir de la ciudad. También sufrieron de cerca la cruel quema de la sinagoga de Holešov.

—La vimos reducirse a cenizas —les contó con pesar—. Tengo grabado el recuerdo del crepitar del fuego devorando el lugar y el sonido de las ventanas quebrándose.

Eva y su hermana Erika eran miembros del movimiento juvenil Maccabi Hatzair. Organizaban viajes, cantaban canciones hebreas y se familiarizaban con el sionismo junto a decenas de otros jóvenes de la zona. A medida que las restricciones aumentaban, Maccabi se fue convirtiendo en un necesario lugar de escape. Discutían la actualidad y se juramentaban para luchar contra la opresión nazi.

Así, cuando se cumplía un año desde su llegada a Terezín, Heini pasaba el rato con Eva y Jiri. Ella era idealista y soñaba con una vida con Jiri después de la guerra. Él mantenía su encanto y carisma. Se les veía enamorados, aunque se habían conocido solo hacía un par de meses en la fila para una de las cocinas. Así era Terezín: tantas horas esperando para comer que algunos optaban por hacer vida social. Era una de las oportunidades de encuentro más importantes del gueto y una buena —y casi obligada— oportunidad para conocer a otras personas.

A esas alturas, la mitad de los residentes del gueto tenían aspecto esquelético.

La comida estaba a cargo del Consejo de Ancianos, conocido como Judenrat, un grupo de prominentes hombres judíos designados por los nazis para representar y gobernar a los prisioneros. También supervisaban otros aspectos de la vida cotidiana en Terezín. A esta autoadministración a veces se le acusaba de ser corrupta y de velar por sus propios intereses. Ellos ejecutaban las órdenes de los nazis: asignar trabajos, distribuir el agua, gestionar los hospitales e incluso armar las listas de deportación al Este.

El Este pasó a ser un término temido entre los prisioneros. Pocos sabían qué sucedía con los seleccionados para abandonar Terezín, pero rondaba la sospecha de que el destino era aún peor. Se rumoreaba sobre campos de trabajo pesado y tortura. La tía de Eva trabajaba como ama de llaves de la respetada familia de Otto Zucker, un líder judío de cincuenta y un años, proveniente de Praga, que era parte del Consejo. Tenía fama de ser un hombre duro y terco. Según lo que ella escuchó en una conversación de Zucker con su esposa Fritzi, los deportados llegaban a un destino muchísimo peor que Terezín. Gracias a las gestiones de su tía, la madre de Eva también trabajaba como ama de llaves en la casa de otro líder de la administración judía, y también escuchaba habladurías sobre los traslados. Sin embargo, nadie —o casi nadie— tenía certeza de qué les deparaba el destino.

Los niños del grupo de Felix se mantenían un poco al margen. Si bien sufrían de hambruna y restricciones, como todo el resto, en su mayoría se salvaban de la parte más brutal de Terezín. A diferencia de los adultos, no vivían lo peor de la desesperación tras las conversaciones sobre traslados, castigos, muertes y suicidios. Dentro de esta histeria colectiva, la Jugendfürsorge se encargaba de mantener al margen a los niños tanto como fuera posible. Jugaban y, a pesar de las prohibiciones de los nazis, estudiaban de forma clandestina las materias que habían dejado de cursar por la interrupción de sus estudios. También ejercían educación no formal sobre cultura judía y sionismo. La mayoría de los líderes judíos de la oficina eran sionistas y, a través de la vida colectiva, buscaban ayudar a inculcar aquellos valores a través de actividades lúdicas que implicaban trabajo en equipo y liderazgo. Eran tenues destellos de luz, pero casi la única esperanza de que vendría una mejor vida después del cautiverio.

Terezín fue ideado en un inicio por los nazis como un lugar de tránsito hacia los campos de exterminio. Por su ubicación, era el lugar ideal para concentrar a una gran cantidad de población judía en Europa Central, desde donde era posible derivarlos luego a campos como Maidanek, Treblinka o Auschwitz. Con el paso del tiempo, se decidió utilizar Terezín como un experimento para mostrar la buena vida que llevaban los judíos durante la guerra. Lo usaron como un gueto modelo para demostrar al mundo que la creencia de que los exterminaban no era cierta, mostrando que vivían en buenas condiciones, con casas propias y junto a sus familias. Un lugar que incluso era administrado por ellos mismos y que, además, tenía actividades culturales.

Tras esta tapadera se ocultaba la cruda realidad: personas atestadas en oscuras y húmedas habitaciones; malnutridas por raciones minúsculas de un pan hecho a base de viruta de madera en lugar de harina; que sufrían brotes de enfermedades mortales y extensas jornadas de trabajo. Pilas de cadáveres siendo transportados al crematorio cada día, una larga lista de personas que se quitaban la vida colgándose de una cuerda, saltando desde las ventanas de las barracas o cortando sus muñecas, como un último acto de libre albedrío. Lo cierto es que las condiciones del campo estaban diseñadas a propósito para acelerar la muerte, sobre todo de aquellos que tenían menos probabilidades de sobrevivir.

—Esta humillación no tiene límites —despotricaba el doctor Kahn cada vez que podía. Él veía cómo pequeños detalles apuntaban a crear la falsa imagen de que el gueto era un lugar en el que se vivía bien, no solo hacia fuera, sino que también buscaban convencer a los propios residentes de que la vida ahí no era tan terrible.

El 1 de mayo de 1943, Terezín fue renombrado como «área de asentamiento para los judíos», un eufemismo del término original «gueto». Los caminos que hasta ese momento se identificaban con letras y números pasaron a tener nombres típicos de calles alemanas, como Hauptstrasse, Banhofstrasse o Neue Gasse. Todo con un objetivo propagandístico que comenzaría al año siguiente. La idea era eclipsar la mala percepción pública del lugar. Los nazis permitieron que se desarrollara la vida cultural, que estaba a cargo del Departamento de Tiempo Libre, liderado por el propio Zucker, a quien atendía la tía de Eva. Se realizaban actividades como obras de teatro, charlas y eventos musicales.

Terezín estaba compuesto por una población de alto nivel cultural. No porque se permitiera el desarrollo de estas actividades, sino porque durante esos años Praga gozaba de una gran riqueza cultural y la vasta mayoría de los judíos de esa ciudad fueron deportados al gueto. Muchos prisioneros llegaron con sus libros, materiales de pintura o instrumentos musicales. El arte los hacía sentir humanos y les devolvía dignidad. Disfrutar de una ópera en el descalabro en el que vivían, les devolvía el placer que habían perdido varios años atrás, cuando se les prohibió ser parte de la vida cultural de sus ciudades. El teatro y el cine dejaron de ser parte de sus rutinas, así como las salidas a cenar, bailar y caminar por la ciudad. Incluso escuchar música en la radio dejó de estar dentro de sus opciones. Así, después de trabajar, el tiempo libre estaba más o menos solucionado.

Lo que más disfrutaba Heini era el fútbol. Ese año comenzó un torneo que se jugaba en las barracas Dresden. Se creó la Liga Terezín, que tuvo una edición en primavera y otra en invierno. Y la copa, que se jugaba en verano y otoño. Los equipos eran de siete jugadores y se componían según los grupos de trabajo. Entre otros, estaban los carniceros (Fleischer), los electricistas (Elektriker), los cocineros (Köche), el almacén de ropa (Kleiderkammer) y la Oficina de Bienestar Juvenil (Jugendfürsorge), al que Heini y Felix apoyaban porque Pavel jugaba de delantero. En la liga de primavera salieron séptimos, de diez. Estaban lejos de ser los favoritos, como lo eran los cocineros y los carniceros, que por sus puestos de trabajo tenían la ventaja de tener un excelente acceso a la comida. De todas formas, el resto de los jugadores podía comer más que los demás por participar en los campeonatos. En muchas ocasiones tenían doble ración los días en que se jugaba. El problema era que no se producía más alimento para que ellos pudieran comer más, sino que se sacaba de la porción de otros, en especial de los ancianos.

Los campeones de la liga de primavera, sin embargo, no fueron ni los cocineros ni los carniceros, sino los del almacén de ropa. La final fue presenciada por más de siete mil espectadores, entre ellos miembros del Judenrat como Otto Zucker, el encargado del Departamento de Tiempo Libre. Fue él mismo quien entregó la copa hecha de cerámica al Kleiderkammer, que luego cambió su nombre a Sparta por el popular equipo de Praga.

A pesar de que Heini y Felix salieron decepcionados con la derrota del Jugendfürsorge por 1 a 3, el fútbol los hacía felices. También era una forma de sobrellevar la muerte de la Oma Pavla, y a los judíos en general les servía para mantener los ánimos un poco más arriba. Otros vibraban con obras de teatro, libros, arte o música; ellos se sentían vivos con el fútbol. La dinámica era peculiar. Al final de todo, no podían estar lamentándose todo el tiempo. Era mejor disfrutar las pequeñas alegrías y conservar su autoestima.

Más adelante, durante el mismo 1943, un grupo de jóvenes creó el *Kamarad*, una revista clandestina que cada viernes relataba lo mejor de los partidos de la liga. En la primera edición se escribió una crónica detallada de la goleada del Jugendfürsorge al Hagibor Terezín.

Jugendfürsorge (JF) 14 - 1 Hagibor Terezín (HT).
El juego se celebró el miércoles y fue más una comedia que un partido. El JF observó una supremacía abrumadora y todos sus jugadores, a excepción de Breda y Mayer, anotaron gol. Breda, a pesar de ser delantero, no marcó y Mayer desaprovechó la oportunidad desde los diez pasos. El JF jugó bien (lo cual no requería de un arte especial). Sobre el HT no hay nada que decir.

El Jugendfürsorge quedó en tercer lugar en la liga de otoño, edición que ganó el Köche, venciendo diez de once partidos. Solo empataron ante el JF, 3 a 3. Aunque el equipo de Pavel lo dio todo, no pudo ante la supremacía de los cocineros.

—No cabe ninguna duda de que ellos comen mejor que el resto —se quejaba Heini—. Ellos mismos administran la comida. No puede ser justo.

Los partidos eran presenciados por miles de personas. Era tal la cantidad de público que muchos observaban agolpados desde los balcones de los segundos y terceros pisos de las barracas, que daban hacia el patio interior. Por cierto, las actividades como el fútbol eran parte del engaño ideado por los nazis, además de una forma de mantener al margen las posibles ideas de rebelión. Les daban algo de felicidad antes de morir.

Pero no todos disfrutaban las actividades de cultura y recreación. El doctor Kahn las criticaba con frecuencia.

—Los muertos no actúan en obras de teatro ni juegan fútbol —comentó alguna vez. Le molestaba que Helena quisiera asistir a obras musicales y que Heini y Felix fueran aficionados a los partidos. Incluso se enojaba con su sobrino Pavel por jugar en la liga.

—Este tipo de actividades nos hacen sentir mejor, nos dan dignidad y humanidad y nos hacen olvidar dónde estamos. Le da algo de sentido al gueto. No podemos caer en el juego de los nazis y echarnos a morir. Todavía podemos intentar ser felices. —Heini no estaba de acuerdo con el doctor Kahn y trataba de llevar una vida lo más normal posible. Y más importante que eso, trataba de que Felix pudiera abstraerse de su alrededor.

—Están cayendo en su juego —replicó el doctor Kahn, botando con intención el humo del cigarro por la nariz—. Todo esto es un escenario para que piensen que los judíos viven bien aquí. Es un engaño, y ustedes participan.

Helena no estaba convencida de lo que decía el doctor Kahn. Lo que comentaba tenía sentido, pero ella creía que participar era una forma de resistir ante el esfuerzo de los nazis por quitarles la vida, más que una forma de apoyar su discurso. Tampoco creía que la intención fuera mostrar una buena imagen del gueto: era evidente que las condiciones en las que vivían eran deplorables. No había forma de mentir al respecto.

—¿Resistir? —cuestionó el doctor Kahn molesto—. ¿En qué mundo ver una obra de teatro es resistir? ¿De qué forma presenciar un partido de fútbol frenó o evitó que mataran a tu mamá?

Helena se sorprendió ante tal muestra de insensibilidad de su marido frente a Heini.

—Quizá no es una resistencia activa contra la muerte, pero Heini tiene razón. Las actividades culturales y de esparcimiento nos ayudan a mantener en pie nuestra dignidad. Lo que más han buscado los nazis es degradarnos y quitarnos nuestra moral, nuestra humanidad. También las actividades educativas para niños como Felix y las prácticas religiosas que algunos mantienen ayudan a preservar la vida judía. Tenemos que seguir haciendo nuestras vidas. No se trata de caer en el juego de los nazis.

El doctor Kahn no se mostraba convencido. En realidad, no estaban seguros de nada. Todo era incertidumbre en Terezín. En los últimos meses del año comenzó a haber señales de que algo sucedía. Pequeños cambios: en las decisiones de las SS, en la intensidad de los transportes y hasta se hacían modificaciones físicas al gueto. Gracias a la tía y a la madre de Eva, Jiri y Heini tenían acceso a información privilegiada. Así fue cómo se enteraron de que las personas que desaparecían en las deportaciones al Este tenían como destino Polonia. También les sugirió que algo terrible sucedía allí.

—Mi tía escuchó a Zucker comentar, en secreto, sobre un grupo de más de mil niños que llegaron hace unos meses a Terezín desde otro gueto. Llegaron en un estado deplorable. Pero escuchen —hizo una breve pausa al tiempo que les indicaba con un gesto que acercaran sus cabezas, y siguió, bajando el volumen de su voz—, cuando iban a desinfectarlos en las duchas entraron en pánico, negándose. Según lo que escuchó, algunos niños gritaban «¡Gas! ¡Gas!».

—¿Crees que están matándolos con gas venenoso? —inquirió Jiri, con el ceño fruncido y los pómulos tensos, alzando los ojos con temor a que alguien los oyera.

—Pueden ser un millón de cosas. No creo que estén matando gente con gas, menos a niños. —Heini se mostraba escéptico mientras oía—. Hay espacio para muchas teorías.

—No dejaron que se mezclaran con el resto de la gente —agregó Eva, entornando la mirada—. Estuvieron más de un mes solos y se los llevaron al Este hace unas semanas.

Nadie hubiese creído su sospecha. Ni siquiera ellos se convencían.

Eva también les contó que esa misma mañana hubo un intento de fuga de decenas de prisioneros y que algunos miembros del Judenrat fueron acusados de encubrirla. El hombre para el cual trabajaba la madre de Eva se había mostrado preocupado todo el día. Ese fue el motivo por el cual dos días después se ordenó un censo de toda la población. A las siete de la mañana, con muchísimo frío, los cerca de cuarenta mil cautivos debieron salir a un terreno fuera de los muros del gueto, sin importar la edad ni la nacionalidad. Fueron obligados a permanecer a la intemperie, de pie en el fresco otoñal, mientras los contaban uno por uno, varias veces. Más que un censo, estaban dando una señal clara de que no podrían escapar de Terezín y que intentarlo les costaría caro. Se mantuvieron parados durante todo el día, desde el amanecer hasta el anochecer, sin acceso a comida, agua, baño ni abrigo. Recién a las once de la noche se les ordenó volver a las barracas. Trescientas personas sucumbieron ante la crueldad del castigo y murieron ese día. Trescientos cadáveres que el resto de los prisioneros atestiguó con miradas impotentes y desesperanzadas en el camino de vuelta. Al día siguiente, el denso humo negro que surgía de las chimeneas del crematorio se podía ver desde cada rincón de Terezín.

Acercándose el invierno, el nivel de hacinamiento disminuyó un poco. Los nazis ampliaron algunas de las barracas y deportaron cerca de cinco mil personas al Este. El tío Karel y su esposa Hana estaban entre ellas. Helena, por su parte, sospechaba que su familia nuclear tenía cierta protección para no entrar en las listas de transportes gracias a la labor médica que desarrollaba su marido. Y era cierto: los doctores, por lo general, no eran parte de los listados. Pero esa protección no alcanzaba a cubrir a su hermano Karel y a Hana, quienes recibieron del Judenrat un pedazo de papel que los convocaba al transporte del 18 de diciembre de 1943, que tenía como destino —desconocido para ellos— Auschwitz-Birkenau. Tuvieron un día para empacar: algunos remedios, cubiertos de cocina, un abrigo y ropa para trabajar era todo lo que llevaban en sus valijas. Helena los acompañó al punto de recogida y se despidió por última vez.

15

—Soy como un avestruz que esconde la cabeza —repetía con calma el doctor Schwartz, con la mirada fija en Heini. El psiquiatra le había pedido una sesión más—. Esa frase que dijo la semana pasada ha estado dando vueltas en mi mente. Permítame decirle, Enrique, que después de un año he visto algo de progreso. —Heini se movía en su asiento, inquieto. Trataba de buscar algo en el despacho que lo tranquilizara—. Ha sido capaz de sentarse sesiones completas conmigo e incluso contar algunas cosas, lo cual me parece una buena señal. Me gustaría ayudarlo a seguir por ese camino. Si a usted le parece, claro.

—¿Para qué? —replicó Heini, levantando la voz.

—He percibido que, cuando sus recuerdos lo agobian, se siente abatido y se encierra en sí mismo. Esconder su cabeza como un avestruz no lo ayudará a liberarse de su pasado, solo lo presionará a seguir así. Su historia lo está invadiendo por dentro. Solo aceptando su pasado podrá abrirse, hablarlo con sus cercanos y reparar el trauma.

—¿Y por qué querría contarlo? —lanzó Heini, sofocado por el nerviosismo y la rabia, que se alimentaban con las palabras del doctor—. Han pasado cuarenta y cinco años y nada ha cambiado. No voy a exponerme a estas alturas.

—No tiene que hacer nada que usted no quiera —aclaró el doctor Schwartz—. Pero si no lo hace por usted, piense en cómo debe estar sufriendo su esposa escuchándolo retorcerse en sueños, transportándose a un pasado lleno de dolor. Piense en cómo se debe sentir, sabiendo que la conciencia de su marido está en otro lado, con personas que ya no están, como su hermano Felix. ¿No siente el deseo de liberarse de todo eso?

El doctor Schwartz trataba de transmitir calma a su paciente, pero Heini se exaltaba con facilidad. Su respiración se agitaba y su rodilla no paraba de temblar.

—¡No entiende nada! ¡Usted jamás entendería lo que vivimos en Auschwitz! Ni usted ni nadie, aunque lo relatara con lujo de detalles.

—Por favor, no me malinterprete. No soy capaz de dimensionar su sufrimiento y tampoco pretendo hacerlo. Usted no puede cambiar lo que vivió, pero sí puede decidir cómo enfrentarlo. Han pasado cuarenta y cinco años, pero aún puede que las cosas cambien —dio una larga pausa e insistió una última vez—: la conexión entre la mente humana y el cuerpo es asombrosa. Por ignorancia, cuando las personas oyen que un malestar corporal tiene origen en lo psicológico, creen que es fácil de controlar. Pero no es cierto: maniobrar los sentimientos es una tarea compleja, y la mente es tan poderosa que puede producir síntomas físicos. En su caso produce dolores e incluso enfermedades. —El silencio reinó en el despacho—. Piénselo. Me gustaría poder ayudarlo.

Pero no hubo caso. Heini estaba irritado ante los intentos cada vez menos sutiles del doctor Schwartz para que recibiera un tratamiento y se negó. Sabía que su intención era noble, pero no soportaba sentirse vulnerable. La rabia y el desconsuelo lo consumían por completo.

Hubo miles de supervivientes del Holocausto como Heini, que jamás pudieron superar el sufrimiento. Había dos maneras de batallar con el trauma: unos contaban sus relatos con frecuencia, buscando liberarse del pasado. Otros, por el contrario, encapsularon el dolor en su interior y no lo dejaron salir, intentando reprimirlo y olvidarlo. Al igual que Heini, muchos no pudieron compartir su tormento ni con sus seres más queridos, pues recordar los desgarraba. Las pesadillas y visiones podían ser recurrentes, pues lo vivido permanecía ahí, en lo cotidiano. Como él, regresaban al pasado cada vez que veían columnas de humo negro o estaban cerca de un alambrado, y se sobresaltaban al escuchar gritos o un pitido, reabriendo viejas heridas. Los recuerdos angustiantes de haber vivido entre gente agonizante y cadáveres en descomposición no se borraban.

El mundo al que se enfrentó Heini luego de la guerra era por completo diferente al que conocía. Esa fábrica de exterminio era un recuerdo que no podía compartir. Nadie sería capaz de entender lo que significaba regresar del infierno, desde donde volvió con un malestar crónico. Toda una vida en estado de tensión y angustia. Los ataques de nervios se apoderaron de él y nunca lo soltaron, ni siquiera con ayuda de médicos que lo trataron sin éxito en reiteradas ocasiones.

16

Ahora era Heini quien debía consolar a su madre. Además de perder a la Oma, Helena no sabía cuándo sería la próxima vez que vería a su hermano Karel, deportado a Auschwitz. Aunque trataba de ocultarlo, pasó semanas llorando por las noches. Mostrar la frente en alto le costaba cada vez más. Su juventud parecía escapar por su mirada durante aquellas semanas.

Para tranquilizarla, el doctor Kahn contó algo que había escuchado en el hospital hacía unas semanas: había deportados a los que se les daba la oportunidad de escribir a sus familias, y Helena necesitaba recibir noticias de su hermano. Lo que no sabían era que las cartas eran supervisadas y censuradas, pero un mensaje escueto al menos confirmaba que estaban vivos.

Varios se las arreglaron para incluir mensajes ocultos, sobre todo para alertar sobre las atrocidades que sucedían allí. Se hacían referencias a reencuentros con algún pariente fallecido, o también mencionaban a una persona llamada «Met», que significa muerte en hebreo. Sin embargo, el deseo de los familiares de que todo estuviese bien era tal que suponían algún error en la redacción o incluso pensaban que algunos familiares no habían fallecido realmente.

Helena esperó pacientemente una carta de su hermano, pero nunca la recibió. Fue el tiempo el que se encargó de devolverle algo de ánimo. El tiempo y su familia, quienes se preocuparon de estar presentes para ella. Heini, que en ese entonces tenía veinte años, dedicaba cada vez más tiempo a tranquilizar y cuidar a su madre. Como distracción, Helena se involucró cada vez más en la vida cultural de Terezín. Así como Heini disfrutaba del fútbol, a ella siempre le gustó la ópera. Extrañaba sus días como cantante en Berlín y hacía todo por conseguir entradas para las obras. A veces pasaba horas en la fila de las barracas de Magdeburg sin poder conseguir un boleto. Escuchar a los músicos de Ghetto Swingers o ver obras como *Réquiem* y *Brundibár* eran funciones muy cotizadas y muchos no lograron entrar. Presenciar a los judíos que habían sido capaces de organizarse para escenificar tales espectáculos en un lugar como Terezín era, además de un motivo de admiración, una motivación y distracción muy poderosas.

Cuando comenzó a asomarse el sol, al inicio de la primavera de 1944, muchas personas aprovecharon los tímidos rayos para organizar picnics en los patios del gueto. Sentir el calor y mirar las montañas mientras almorzaban, sentados en el césped, era casi irreal. Heini, Jiri y Eva lo hacían cada día que el clima lo permitía, como un grito desesperado por establecer actividades normales.

Ya llevaba viviendo dos años en esa miseria.

Eva se había vuelto muy cercana a Heini. Lo trataba como un hermano. Era su única amiga, aunque para él era como uno más de sus amigos hombres. Si bien los tres pasaban mucho tiempo juntos, Heini también les dejaba su espacio. Y hubo un día en que Jiri le pidió tener un almuerzo a solas con Eva.

—Tengo una sorpresa para ella —le contó, emocionado. No podía evitar sonreír. Tomó una pequeña figura de plata del bolsillo de su pantalón—. Le pedí a mi madre una cuchara de plata y, con ayuda de alguien que trabaja en la cocina, le hice un anillo.

Se lo mostró a Heini, que lo analizó con detenimiento. Tenía un monograma con las letras «EB» grabado en su interior, las iniciales de Eva. Por un momento, Heini recordó su breve relación con Frantiska y lo invadió un calor interno. Le devolvió el anillo a Jiri y, con auténtica alegría, lo abrazó.

—¡Tranquilo! No es un anillo de compromiso —reía—. Al menos no por ahora.

Pasaban los días caminando de la mano, conversando. Heini nunca había visto a Jiri tan enamorado y a Eva tan sonriente. Además, las condiciones del gueto estaban en su mejor momento. Hubo mejoras insidiosas porque desarrollaban un programa de embellecimiento: les habían informado que Terezín recibiría invitados especiales, internacionales. Se pintaron las fachadas de las barracas, se plantaron jardines floreados e incluso se abrió un café. También se entregó ropa en buen estado y se redujo la cantidad de camas por barraca. Parecía un sueño. Si bien todos sabían que era una farsa, no se negaban a disfrutar. Luego de que trasladaron al Este a más de siete mil quinientas personas también disminuyó el hacinamiento, aunque se separaron familias cuando se llevaron a niños, enfermos, ancianos y moribundos.

Las semanas de felicidad de Jiri y Eva se desvanecieron el día en que ella le contó, entre lágrimas, que sería trasladada al Este. Se ofreció como voluntaria junto al resto de su familia porque su madre apareció en la lista oficial y habían juramentado nunca separarse. También estaba en aquella lista el hombre del Judenrat para el que ella trabajaba, a quien sobornaba para que no las incluyera en los transportes. Esa semana los alemanes decidieron enviar a algunos líderes del

Judenrat al Este, lo que resultó en el fin de la protección a la familia de Eva.

Su destino era incierto y oscuro. La despedida fue trágica. La pareja lloraba desconsolada, como si les arrancaran un pedazo de su propia carne. Eva llevó consigo el anillo como si fuera un talismán y prometieron encontrarse en Holešov después de la guerra.

El cambio en el carácter de Jiri fue radical. No quería ni levantarse. Su sonrisa permanente se desdibujó y dejó de ser el que miraba el lado bueno de las cosas y animaba al resto.

—Ya verás que pasará muy rápido —mentía Heini para infundirle esperanza—. No te darás ni cuenta y estarás con ella de nuevo.

—No lo entiendes, Heini —replicó Jiri, cuyo tono de voz delataba sus nervios a flor de piel—. Su madre y su tía han escuchado hablar cosas terribles del Este. ¿Qué pasa si es cierto lo que decían del gas? ¿Qué pasa si están asesinando a quienes trasladan?

—Vamos, Jiri, sabes que son solo rumores. Es imposible que estén matando a nuestros amigos. Tú siempre has sido optimista y feliz. Necesitas retomar esa actitud y confiar en que todo estará bien. Que el anillo que le regalaste a Eva les dé a los dos la fuerza que necesitan para mantenerse a salvo.

Le costaba alentar a Jiri porque sabía que en el fondo tenía razón. Lo poco que habían escuchado sobre el Este no sonaba nada bien.

—En el peor de los casos también irás allá y te reencontrarás con ella.

Se arrepintió de haberlo dicho al pronunciar las palabras, pero Jiri estaba ensimismado.

—Debí haber ido con ella —se lamentó Jiri abatido, con la vista extraviada. Heini vio cómo la culpa lo invadía de pronto.

Tenía los dientes apretados y no dejaba de mirar el suelo—. Debí haberme ofrecido como voluntario para acompañarla.

—¿De qué estás hablando? No puedes dejar solos a tus padres, Jiri. No puedes responsabilizarte por lo que está pasando y tampoco puedes desear ir al Este.

Heini no sería trasladado por el momento, al menos mientras el doctor Kahn siguiera ejerciendo como tal. Jiri, en cambio, no tenía familiares que le dieran ese tipo de protección, por lo que podría aparecer en las listas en cualquier momento. Sospechó que su amigo sería capaz de ofrecerse. Trató de convencerlo de que no lo hiciera, pero tenía que asegurarse. Se puso de pie y se dirigió hacia los cuarteles Genie, donde trabajaba su padrastro, para preguntarle si podía mantener a Jiri lejos del tren. Pero cuando llegó, se llevó una sorpresa: el edificio que hacía de hospital estaba casi vacío y sus pasillos estaban desiertos.

—Se llevaron a los enfermos al Este —le aclaró el doctor Kahn—. Ahora atenderemos pacientes que padecen dolores más típicos.

Heini notó la tristeza y el miedo que reflejaban los gestos de su padrastro. Terezín le estaba dando un golpe de humildad, rompía su caparazón de arrogancia, que no era más que una respuesta al peso de las expectativas que había sobre él.

Las autoridades del campo estaban eliminando toda evidencia de la cruda realidad de Terezín, incluidos a aquellos más vulnerables. Heini entendió que, si había existido una protección efectiva para zafarse de los traslados, era probable que ya no siguiera vigente. Recorrió el lugar con la mirada y vio a varios doctores y enfermeros desocupados. Reconoció las caras de algunos que jugaban en el Aeskulap, el equipo de los servicios de salud, uno de los peores de la liga.

Así recordó la mejor forma para levantar el ánimo a Jiri. Días más tarde lo llevó a ver el partido del Jugendfürsorge, que jugaba mejor que nunca. Clasificaron para las semifinales de la Copa Terezín y les tocaba jugar contra el Rapid I. No podían perdérselo. El partido fue apretado, pero el Jugendfürsorge ganó 3 a 2 y consiguió el paso a la final. Heini, Felix y Jiri saltaban y gritaban de euforia. Este último, consciente de sus problemas reales, decaía cada tanto al pensar en Eva.

Miles de fanáticos gritaban y festejaban a sus equipos en plena guerra, combatiendo el hambre, olvidando que eran prisioneros de los nazis. Parientes, amigos e incluso futbolistas eran deportados en masa a los campos mientras los prisioneros en Terezín se divertían leyendo las crónicas del *Kamarad* y otras revistas similares que otros jóvenes crearon, repletas de historias y dibujos sobre los partidos de la liga.

El proyecto de embellecimiento que había comenzado meses antes se intensificó cuando se confirmó la visita de inspectores de la Cruz Roja para finales de junio. Iban para revisar las condiciones de vida, alertados por denuncias de abusos, esclavitud y trabajos forzados. Alemania era presionada para informar lo que sucedía con los judíos. Se entregó nueva ropa a los prisioneros, se mejoró la alimentación, se limpiaron las calles, se instalaron juegos para los niños, se quitó el muro que había en la plaza central, se pusieron bancas, se creó un pabellón de música y se abrió una sala de lectura. La calidad de vida mejoró. Los traslados al Este se detuvieron y todos pensaron que no se reanudarían.

Aquellos meses de verano fueron la mejor época en Terezín. Y el día en que el Jugendfürsorge ganó la final de la copa fue el mejor día para Heini, uno de los pocos recuerdos que lograría provocarle una auténtica sonrisa durante su vejez. La algarabía por el triunfo, además de poder usar ropa cómoda por primera vez y comer un poco más fueron grandes triunfos morales.

De todas formas, Heini identificaba la ironía en las mejoras. Los cafés no eran cafés, el dinero que circulaba era falso y las vitrinas exhibían ropa y accesorios que habían confiscado a los mismos prisioneros al llegar al gueto. Las libertades entregadas significaban una importante jugada política de los nazis para encubrir la mentira unos meses más, además de ser una burla a los habitantes de Terezín.

El día que llegaron los inspectores de la Cruz Roja se montaron escenas ridículas, humillantes. Filas de judíos afuera de una oficina de correos para recibir paquetes vacíos; prisioneros no desnutridos, previamente seleccionados, en un café falso tomando agua con colorante. Las barracas atestadas, las pilas de cadáveres y los enfermos que iban de camino a Auschwitz no eran parte del recorrido de los inspectores.

Concluida la visita, los nazis no tardaron en revertir las mejoras que se habían hecho, destrozando las esperanzas de los prisioneros de que las condiciones mejorarían de forma definitiva. Removieron las bancas, volvieron a instalar el muro en el parque y sacaron el café, así como las tiendas que habían abierto solo semanas atrás. Las libertades también se esfumaron y todo volvió a ser como antes.

El montaje, sin embargo, continuó. Luego del éxito propagandístico de la visita de la Cruz Roja, los nazis decidieron filmar una película: *Terezín: un documental sobre la zona de asentamiento judío*, que proyectaría al campo como un lugar de veraneo. Se hicieron tomas de personas aparentemente felices, disfrutando de los simples placeres de la vida. El guion cuidaba cada detalle y los «voluntarios» debían seguir minuciosas instrucciones del director. Se preocuparon de ocultar las torres de vigilancia, la chimenea del crematorio y a los guardias nazis. Mostraron un concierto de música clásica ante una multitud aplaudiendo; grupos en actividades manuales como costura, cerámicas, tejidos y esculturas; personas trabajando la tierra y asistiendo a una biblioteca. Sobrecargaron la filmación de actividades culturales y de ocio, dándoles un protagonismo irreal. Dedicaron un largo pasaje a un partido de fútbol en que el Jugendfürsorge, campeón de la copa de 1944, se enfrentaba al SK Sparta, campeón de la liga de primavera del mismo año. Se filmó desde múltiples ángulos con varias máquinas. Cientos de prisioneros fueron forzados a asistir al encuentro. Algunos quedaron sentados a centímetros del borde de la cancha y había público en cada uno de los balcones de las barracas Dresden e incluso en los techos. Pavel Breda y el resto del equipo jugaron su último partido en Terezín sin entender sus implicancias.

La película no se proyectó durante la guerra. Casi todas las personas que aparecieron en ella fueron enviadas a Auschwitz semanas más tarde, a finales de septiembre. La inmensa mayoría murió allí, incluido Pavel.

Antes de esas deportaciones, la noche del 21 de septiembre, Paul Eppstein, líder del Judenrat, reunió a una multitud de gente y tomó la palabra para anunciar lo que nadie quería escuchar: se retomarían los traslados luego de cuatro meses. Cundió el pánico en Terezín.

—El comandante del campo ha solicitado el transporte de cinco mil hombres que tengan entre dieciocho y cincuenta años. Deben ser trasladados cuanto antes.

Se escuchó un murmullo generalizado que no dejaba escuchar las palabras de Eppstein.

—Por favor, calma. Nos aseguró que regresarán luego de seis semanas, después de completar los deberes requeridos. Deben saber que solo se permitirán las objeciones más urgentes y justificadas. La selección se hará en función de la edad e incluirá solo a hombres, independientemente del rol que ocupen en Terezín.

Y una nueva ola de murmullos. A diferencia de los transportes anteriores, en los que se seleccionaban a las personas junto con sus parejas o hijos, esta vez los hombres viajarían solos. Miles de familias se separarían. El terror volvió a reinar en el gueto.

—¡Silencio! Mantengan la disciplina. Sé que es duro, pero esto tiene que pasar. Hágannos más fácil esta tarea, que es doblemente difícil, ya que se nos impone durante Iom Kipur, nuestro día más sagrado.

En cuanto Eppstein terminó su breve anuncio, decenas de personas lo rodearon, algunas para buscar no ser consideradas en el transporte, otras para reclamar y otras simplemente para aferrarse a una efímera tranquilidad que podía darles el líder del Judenrat con algunas palabras.

Los rumores no tardaron en llegar: Heini oyó a alguien decir que en realidad los llevarían al Este y no a realizar un trabajo breve. Jiri, por su parte, escuchó que sería cerca de Terezín y que luego regresarían, y también que se harían excepciones para quienes tuviesen familiares en el gueto. A algunos, el mismo Eppstein les advirtió sobre el destino que les esperaba en caso de que fueran enviados al Este. Eso le costó que lo fusilaran unos días más tarde, en la pequeña fortaleza.

La versión oficial sobre el traslado llegó tres días después. Los deportados iban a construir un nuevo campo de trabajo en Riesa, una ciudad alemana cercana a Dresden, ubicada a unos cien kilómetros de Terezín. El trabajo estaría encabezado por Otto Zucker y, efectivamente, solo se seleccionarían hombres en edad de trabajar. Se les ordenó llevar equipaje ligero y provisiones para un día. Se prometió que los familiares de los deportados estarían protegidos de traslados posteriores. Heini recibió la notificación escrita la tarde del 24 de septiembre de 1944. Debía presentarse al día siguiente en la esclusa, el lugar de cuarentena previo a la deportación, en las barracas Hamburg.

17

Heini no había pensado en la posibilidad de que lo eligieran a él para el transporte. Siempre había descansado en la protección que tenía gracias al trabajo del doctor Kahn, pero las reglas ya no eran las mismas. Miró la notificación una vez más, buscando encontrar algo que le permitiera excusarse, pero no había más detalle que su nombre y su número de documento para el traslado, Ek-547. Abatido, lo invadió una imperiosa necesidad de estar solo. Sin cruzar palabra con nadie, fue directo al jardín donde solía almorzar con Eva, Jiri y Felix. El clima ya no era cálido como meses atrás, pero no le importó. Se acostó en el pasto y se dedicó a observar a su alrededor. No se había percatado de lo hermoso que era el paisaje que rodeaba Terezín. Cerró los ojos por casi media hora hasta que sintió que alguien se sentaba a su lado.

—Henry querido.

Era Jiri. Heini no quería levantarse ni contarle sobre la deportación, pero su amigo ya lo sabía.

—Me imagino que estás afectado por tu traslado.

—¿Cómo lo sabes? —Se incorporó de golpe. Le costó enfocar a Jiri con tanta luz.

—Leí a la rápida la lista. Son más de dos mil quinientas personas, muchos de nuestra edad, incluidos tú y yo.

Lo miró perplejo. Primero se preocupó, pero luego, de forma egoísta, se alivió porque no estaría solo. No sabía bien qué decirle.

—Oh, lo siento. ¿Cómo estás?

—He estado mejor. Pero solo serán unas semanas y volveremos.

—Se supone.

—Me imagino que tampoco lo sabes, pero Felix también está en el listado.

—¡¿Qué?! —reaccionó Heini, desconcertado—. Pero si tiene solo dieciséis años. Debe ser un error.

—Escuché que extendieron el rango e incluyeron personas desde dieciséis hasta cincuenta y cinco años.

Heini apenas oyó la respuesta y se levantó de inmediato para buscar a Felix. Jiri no tuvo más remedio que seguirlo. Debían pedir que lo sacaran de la lista. El pobre muchacho estaba en *shock*, solo con mirarlo se le notaba el miedo. Desde los catorce años estaba en Terezín; había perdido una hermosa etapa de su vida en ese lugar miserable. Durante esos dos años desarrolló una personalidad difícil, se aislaba y tenía signos de depresión. A Heini le costaba verlo así. Fueron a hablar con los líderes del Judenrat, pero fue en vano. Por primera vez, la lista de deportados fue hecha por la propia SS. Aparecían varios menores de dieciocho años y todos reclamaban lo mismo. No podían hacer una excepción con Felix.

Tenían que contarles a sus padres. Igual que la suya, muchas otras familias serían separadas ese día. El llanto de Helena cuando oyó la noticia fue desgarrador. Heini trató de tranquilizarla, pero ella no confiaba en lo que pudieran decir los nazis o el Judenrat. No creía que el traslado fuese para construir un campo. El doctor Kahn, en tanto, trataba de ocultar su aflicción con todas sus fuerzas para no afectar a Felix.

Era la primera vez que Heini veía a su madre así, sin ocultar su desesperación.

—Voy a pedir que nos dejen ir con ustedes.

—No, mamá. No puedes hacer eso.

—Sí, hijo. Lo que no puedo es dejarlos solos. No lo soportaría.

—De todas formas, no te dejarían ir. Es un transporte solo para hombres.

—No puedo separarme de ti —decía, entre sollozos—. La familia es lo más importante. Debemos permanecer unidos.

—Mamá, necesito que me prometas que no te ofrecerás como voluntaria —planteó firme, tomándola por los hombros—. Debes quedarte. Ya sabes cómo es la vida aquí. Aunque sea miserable, la conoces. No tienes idea de lo que puede esperarte después de ser deportada.

Tomó casi un cuarto de hora, pero la convenció para que se quedara. Estuvieron juntos hasta el anochecer y cenaron por última vez en familia. El menú fue el mismo que habían comido durante las últimas semanas. Luego armaron, entre todos, el equipaje. Llevaban dos mudas de ropa y algunas cosas para comer. Se les había ordenado viajar livianos.

Al día siguiente, frente a las barracas Hamburg, Felix y Heini se despidieron de sus padres, sin saber qué les depararía el destino. La escena se repetía innumerables veces a su alrededor, en un ambiente generalizado de llanto y sufrimiento. Cientos de familias se separaron esa tarde. Helena se aferró a su hijo en un fuerte y largo abrazo. Él le repetía que volvería pronto.

—Voy a rezar por ti —dijo su madre.

—No sé dónde está Dios, mamá, pero si existe no está con nosotros.

Ella lo miró con desesperanza. Necesitaba aferrarse a algo.

—Voy a rezar por ti —repitió con una voz tan frágil que parecía que sus palabras podían quebrarse con facilidad—. Quizá no podemos entenderlo, pero Dios te va a proteger —tomó la mezuzá que colgaba del collar de Heini y la besó—. Mantén la frente en alto.

—No te preocupes —interrumpió Heini—. Ya te voy a ver, mamá. —Sonrió apenado y la abrazó una vez más, buscando palabras que no existían.

Luego se despidió del doctor Kahn. Alzó los ojos y se encontró con una mirada frágil. Heini contempló a quien siempre había concebido como alguien arrogante, impenetrable, y lo vio derrotado. Aterrorizado. Su padrastro le dio un abrazo entrañable.

—Cuida a Felix, por favor —le rogó con voz trémula—. Sigue siendo un niño. No lo dejes solo.

—Es mi hermano. Me encargaré.

Era la primera vez que se refería a Felix como su hermano, quien ahora tenía su turno para despedirse del doctor Kahn. Aquella fue la última vez que abrazaría a su padre.

Luego de dos años y medio, Heini abandonaba Terezín. En la esclusa les tocó con varios compañeros de su trabajo en el gueto. También vieron a jóvenes de su escuela y reconocían a varios más por su larga estancia en aquel lugar. Pudo distinguir a Jan, su compañero de la escuela, con quien compartió en sus primeros días en Terezín. Heini notó que Jan ya había perdido los kilos de más que lucía cuando lo vio la primera vez allí. Escucharon a otros hablar en un idioma que no entendían, y es que casi un cuarto de los hombres seleccionados para el traslado eran judíos holandeses. Heini había visto cientos de personas de otras nacionalidades durante su estadía, pero hasta ese momento no había reparado en lo distintos que se veían. No tenían nada que ver con las caricaturas de judíos que había visto en las calles y en los diarios antes de ser enviado a Terezín. Reflexionó que esos estereotipos eran errados: los judíos checos eran distintos a los holandeses y a los de Europa Occidental.

—No existe «la raza judía», de la que tanto hablan —concluyó en voz alta.

Ninguno lo recordó, pero tal como había comentado Eppstein en su discurso, el día del traslado era Iom Kipur, el día del perdón, el más solemne del calendario judío. Hacía un tiempo que las fechas habían perdido importancia. No existían celebraciones, conmemoraciones ni cumpleaños. Solo vivían el día a día, intentando sobrevivir en una rutina trágica.

Todo estaba listo para la partida, pero algo raro sucedía. El viaje no se haría en la hora estipulada y los pasajeros solo podían esperar. Heini tuvo la tentación de buscar una explicación divina, sobre todo en ese día tan sagrado. A la vez, sentía rabia al presenciar los actos religiosos de otros hombres. Adentrada la noche, vio a muchos recitando plegarias. ¿Por qué seguían depositando su fe en Dios, después de todo lo que había pasado? No sabían si los matarían en una o dos semanas; qué sentido tenía aferrarse a su religión, cuando era justamente la razón por la que estaban ahí.

Algunos creyeron que se quedarían en Terezín, hasta que les informaron que el tren saldría al día siguiente. Temerosos, Heini y Felix subieron al tren entre empujones y pasos apresurados. A la distancia, perdieron de vista a Jiri cuando subió a otro vagón del mismo tren. Eran vagones para transportar ganado. No había dónde sentarse, tampoco se divisaban ventanas. Estaba vacío y oscuro, solo se colaban algunos rayos de luz entre las tablas de madera. El lugar se repletó en un instante, hasta que no pudieron evitar tocarse unos con otros. Se mantuvieron de pie, no había otra alternativa. Demoró un largo rato, pero finalmente comenzaron a moverse. No tenían nada para comer ni tomar y la única forma de descansar era apoyándose sobre alguien más. Los chasquidos de las ruedas contra los rieles marcaban el ritmo tormentoso de un viaje estremecedor. El ambiente no tardó en volverse hostil. Comenzaron a emanar los olores corporales y a surgir la necesidad de orinar o defecar, para lo que debían compartir un balde. Algunos simplemente se hacían encima.

Heini pensó que, en ese vagón, todos eran hombres fuertes, seleccionados por su capacidad para trabajar. No podía imaginar cómo sería para ancianos, mujeres o niños pequeños enfrentar ese traslado espantoso. Recordó a Eva y a su hermana Erika en ese mismo tren, cuatro meses atrás. También recordó a sus tías Hanko y Jirina, que lograron emigrar a Estados Unidos antes de la guerra. Qué suerte tan distinta corrieron ambas parejas de hermanas. Luego, su mente se trasladó al recuerdo nostálgico de su padre, que había abandonado Alemania en un buen momento. Miró a Felix y pensó en su madre, Anna, que también había dejado Checoslovaquia antes de la guerra y vivía en Montevideo, Uruguay. Helena y el doctor Kahn nunca tuvieron la determinación para seguir el mismo camino que sus exparejas, quizá porque, como en una enfermedad insidiosa, los cambios fueron graduales. Mirando hacia atrás en el tiempo, todo parecía lógico: no levantaban la voz ni escapaban porque los acostumbraron con cuidado en cada etapa del proceso. Les quitaron las libertades de manera paulatina, los excluyeron poco a poco de la sociedad, al punto de obligarlos a vivir aislados. Los forzaron a vivir en condiciones deplorables y en ese momento no dudaban en asesinarlos.

Sin saberlo, Heini se encontraba de camino al punto más álgido de la discriminación contra los judíos de Europa: Auschwitz, el mayor campo de concentración y exterminio que existió.

Al cabo de unas horas pasaron por Dresden, cerca de donde les habían dicho que formarían el nuevo campo de trabajo. Los guardias de las SS exigieron a algunos que escribieran cartas a sus familias diciendo que habían llegado a su destino, que todo estaba bien y que las condiciones eran mejores que en Terezín. Sin embargo, al llegar a Dresden no se detuvieron. El tren tomó una curva y comenzó a dirigirse hacia el este. Cundió el pánico entre la multitud hacinada, aterrorizada. Habían sido engañados. Los prisioneros desesperados comenzaron a discutir por el motivo que fuera: si alguien llevaba algo de comida, si algún equipaje incomodaba o si alguien se movía dentro del vagón. Incluso hubo quienes encararon a otros por rezar. Heini vio a un hombre recitando el *Shemá Israel*, la plegaria más sagrada del judaísmo. Su mente, que llevaba largo rato divagando, lo devolvió a la conversación que tuvo con su madre acerca de Dios. No pudo evitar vomitar en un balde lleno de desechos humanos. Llevó su mano a su ombligo, dio tres largas respiraciones y recordó a Helena. Todavía temblando, apretó su collar con una mano, con la otra tomó la de Felix y, rezándole a un dios en el que ya no creía, recitó en voz baja:

Shemá Israel, Adonai Eloheinu, Adonai Ejad.

Era de noche cuando se adentraron en Polonia. El viaje se prolongaba, era una agonía eterna. Algunos no fueron capaces de soportarlo y murieron ahí mismo. Los cadáveres, inertes, compartían el espacio minúsculo en el que se apretujaban vivos y muertos.

La locomotora se detuvo cerca de la una de la madrugada. Habían llegado a Auschwitz-Birkenau, pero aún no lo sabían. La puerta del vagón se abrió. Los hombres, desorientados, descendieron a la rampa en medio de súbitos empujones, gritos de los guardias nazis y ladridos. Las linternas los encandilaban. Heini se concentraba en no soltar a Felix. Escuchó a alguien pidiendo su equipaje, que permanecía en el tren, pero fue reprimido con fuertes golpes.

Los separaron en filas de cinco personas. Estaba oscuro, solo se veía a lo lejos una chimenea enorme escupiendo llamas de fuego. Heini divisó al frente a un oficial nazi que les indicaba hacia dónde debían dirigirse. Escuchó un susurro cuyo emisario no pudo identificar.

—Solo los adultos fuertes sobreviven a esta fila. Los menores de dieciocho y mayores de cincuenta son enviados a morir.

El oficial nazi que mandaba era un hombre de mediana edad, vestía un uniforme blanco que contrastaba con sus guantes negros. Llevaba el cabello peinado hacia atrás y sonreía, tenía los dientes centrales algo separados. Quizás en otra situación le habría parecido de aspecto agradable, incluso bondadoso, pues sus atractivas facciones sugerían un carácter cercano. Sin embargo, en ese momento de pavor, su actitud era más bien fría y amenazante. Días después supo que se trataba del doctor Josef Mengele, conocido también como «el ángel de la muerte», el más cruel de todos. Sellaba el destino de los prisioneros al decidir, con un leve movimiento de manos, quién vivía y quién sería envenenado en las cámaras de gas. También era conocido por hacer experimentos con gemelos, enanos y personas con discapacidad. En el transporte recién llegado, tres pares de gemelos menores de edad fueron seleccionados.

¿Cómo puede un hombre decidir con tanta indiferencia quién vive y quién muere?, como si eligiera entre una pera o una manzana para el postre. Su cara no se le borraría de la memoria. De pronto, el eco de las palabras que había escuchado le heló la sangre cuando se reprodujo en su cabeza, tan nítido como cuando las oyó de verdad. «Solo los adultos fuertes sobreviven a esta fila. Los menores de dieciocho y mayores de cincuenta son enviados a morir.»

El pánico se apoderó de él y lo devolvió de golpe a la realidad.

—¡Felix! —gritó, espantado. Lo tomó con fuerza por los hombros y se dirigió a él con firmeza—. Escúchame. Cuando te pregunten tu edad, tienes que mentir. Debes mirarlo a los ojos y mentir sin dudar. —Pensó por un instante—. Dirás que naciste en 1923, con eso tendrías veintiún años.

—Pero...

—Pero nada —interrumpió—. Eres más alto que yo. No dudarán si eres convincente.

Felix asintió, temblando. Mientras se acercaba su turno, Heini contenía su nerviosismo para no contagiar a su hermano. Desde la fila, Heini podía ver que, al llegar ante Mengele, unos hombres eran desviados hacia la derecha y otros hacia la izquierda. Los que iban hacia la izquierda, por sus aspectos y edades, eran el grupo de los que serían enviados a las cámaras de gas —los rumores ahora eran evidentes—, donde serían asesinados esa misma madrugada. De las 2.499 personas que llegaron en ese tren, todas seleccionadas por su capacidad para trabajar, cerca de tres cuartos terminaron gaseadas. Vio a Jan entre ellas.

Cuando llegó su turno, Heini se plantó frente a Mengele, que seguía con la misma sonrisa insufrible en su rostro. Apenas lo miró, señaló hacia la derecha con su mano. Pasó sin problemas la selección. Ahora era el turno de Felix, que estaba frente a Mengele, tenso. No tuvo ni que pensar en cómo decirlo. Fue el propio doctor quien tomó la palabra, con soltura.

—¿Cuántos años tienes, niño?

Al escuchar «niño», Heini cerró los ojos, derrotado. Felix se sobresaltó y con la poca energía que le quedaba, pronunció:

—¡Veintiún años!

Unos segundos de silencio, interminables. Los ojos penetrantes de Mengele recorrieron con cuidado a Felix, como tratando de leer sus pensamientos. Rompió el silencio con un silbido de música clásica. Cambió su mirada escrutadora por una burlona. No creyó la mentira, pensó Heini. Su pecho se oprimió con fuerza cuando comprobó horrorizado el destino de Felix. Vio la mano del SS inclinarse apenas hacia el lado izquierdo, enviando a su hermano a la muerte.

Cerró los ojos, sufriendo el dolor de la pérdida y perdiendo todo rescoldo de esperanza. Pero cuando los volvió a abrir, vio a Felix aproximándose a él, en el grupo de los seleccionados para seguir viviendo. Heini no alcanzó a ver el momento en que Mengele, luego de un amague, giró su mano hacia la derecha con decisión. Abrazó a Felix con fuerza, volviendo a respirar mientras le caían las lágrimas. El rostro de su hermano no mostraba alivio, sino angustia.

18

Fueron escoltados con violencia hacia la entrada de una barraca, donde les ordenaron desvestirse y quedarse solo en zapatos.
Debían desprenderse de todas sus pertenencias. De inmediato,
Heini llevó su mano derecha a su collar y apretó con fuerza la
mezuzá, aferrándose a ella. Sin pensarlo dos veces, la arrancó
de la cadena y se la llevó a la boca para tragársela. Permanecieron desnudos bajo una temperatura gélida, en fila, esperando su turno para que les afeitaran la cabeza y el cuerpo.
Los encargados de esa labor no eran miembros de las SS, sino
prisioneros judíos. Pasaron a unas duchas comunes de agua
fría para ser desinfectados. Los dejaron mojados, afuera de
unas barracas, mientras el frío punzante del recién comenzado
otoño polaco les arrebataba la vida. Podían sentirlo como cu-
chillas en sus huesos. Al cabo de unos minutos, les dieron lo
que parecía el uniforme del campo. Estaba raído y sucio. De
seguro lo habían vestido personas que ya estaban muertas. Era
una chaqueta con una línea roja vertical, pintada en la parte
trasera, distinta al uniforme de rayas azules y blancas que habían recibido la mayoría de los reclusos de allí. No recibieron
toallas; tuvieron que ponerse esa ropa sobre sus cuerpos mojados y temblorosos.

Por algún motivo, tampoco fueron tatuados como el resto.

Después de varias horas, al fin recibieron una ración de comida, la primera desde que habían salido de Terezín, ya ni sabían hacía cuánto. Varios la devoraron en cuestión de segundos. Heini esperaba algo sólido, pero solo recibieron una sopa repugnante. Debían tomarla directo del bol en que venía. Levantó la cabeza y miró a Felix, que no fue capaz de tragar un sorbo. Tenía la mirada vacía.

Al terminar su caldo, Heini quedó con la misma sensación de hambre, pero no recibieron nada más. En Auschwitz no necesitaban que tuvieran fuerza para trabajar.

Los llevaron a una barraca, en el bloque BIIe, cerca de donde habían bajado del tren. La oscuridad no les permitía ver bien su entorno. Al entrar, Heini vio a Jiri. No lo ubicaba desde antes de subir al tren. A pesar de no lucir su habitual sonrisa, permanecía con la frente en alto, mientras el resto solo demostraba desazón. Heini sabía que él pensaba en Eva. La barraca estaba repleta de literas de tres pisos. En cada nivel, donde cabían dos o tres personas, se asignaban no menos de diez prisioneros. Si en Terezín tenían poco espacio, en Auschwitz era mucho peor. Varios cientos de hombres bajo el mismo techo, pegados unos con otros, intercalando cabezas y pies para sortear la falta de espacio. Era muy difícil conciliar el sueño en esas tablas de madera. Heini apenas pegó un ojo su primera noche, no podía dejar de pensar en que Auschwitz era un lugar distinto.

A luz del día pudieron estudiar mejor el campo. La mirada de Heini se perdió en la inmensidad del lugar. A su alrededor había cientos de barracas de madera, alineadas y divididas por las vías del tren sobre las que habían llegado hacía algunas horas. Divisó el edificio largo y angosto de ladrillos que daba la bienvenida a los nuevos prisioneros. Todo el campo estaba cercado por intimidantes alambradas electrificadas de más de dos metros de alto y torres de vigilancia ubicadas en toda la extensión de la verja. Varios prisioneros se habían lanzado contra la reja para suicidarse y los recién llegados no necesitaban que alguien se los contara: los cuerpos, azules y descompuestos, pegados a los alambres, aún permanecían ahí. Otra imagen que a Heini no se le borraría.

Birkenau era uno de los tres campos del complejo de Auschwitz. Auschwitz I era el campo original y servía como centro administrativo y campo de trabajo forzado. Auschwitz II o Birkenau —donde estaban Heini, Felix y Jiri— era el más grande y se utilizaba sobre todo como campo de exterminio. Auschwitz III o Monowitz era un campo de trabajos forzados por el que pasaron cerca de doce mil personas. El complejo de Auschwitz se ubicaba en Oświęcim, a cuarenta kilómetros de Cracovia, en Polonia. Entre 1940 y 1945 se trasladaron allí a un millón trescientas mil personas, de las cuales el noventa por ciento eran judíos. Se incluyeron también gitanos, homosexuales, discapacitados, comunistas y prisioneros políticos. Un millón cien mil prisioneros fueron asesinados. Doscientos mil eran niños.

La chimenea escupiendo humo se veía más clara con la luz del día. Eran dos torres, bastante cercanas a su barraca. De ellas salían columnas de un humo negro, denso, que emanaba un fuerte olor a carne carbonizada. Heini supuso que se trataba de una fábrica y se conmocionó cuando supo que en realidad eran crematorios. Allí quemaban a los muertos luego de ser asesinados en las cámaras de gas, escuchó. Entonces recordó la conversación que tuvo con Eva y Jiri sobre los niños que llegaron a Terezín y no quisieron ser desinfectados porque pensaron que en las duchas los iban a gasear.

Fue estremecedor ver a las personas que ya llevaban un tiempo en Auschwitz. Hombres y mujeres, todos lucían igual: misma ropa, cabeza rapada, esqueléticos. Parecían ganado.

No tardaron en convertirse ellos mismos en aquellas figuras escuálidas y macilentas.

Respecto de la sanidad, en la misma barraca había un barril donde debían hacer sus necesidades cientos de personas, por lo que se rebalsaba varias veces al día. El olor era pútrido, insoportable, y debían convivir con eso cada día. Los propios prisioneros eran responsables de sacar el contenedor para vaciarlo y parte del contenido se derramaba en sus pies en cada ocasión. A veces podían entrar a unos espacios que funcionaban como baños. Eran estructuras de cemento con hoyos en fila, uno al lado del otro, como cajas de huevos. No tenían tapa, mucho menos paredes. El lugar esparcía un aliento fétido y no existía privacidad, no podían ni limpiarse luego de defecar.

Vivían como animales.

Cuando Heini usó el baño de Auschwitz para defecar por primera vez, ni siquiera pensó en lo denigrante que era la situación. En su mente solo había lugar para un único pensamiento: recuperar la mezuzá que había tragado en su llegada. Por la constante exposición a bacterias y virus, tener diarrea era común entre los prisioneros. Heini no tardó en encontrar lo que buscaba en medio de sus heces. La tomó sin dudar y la guardó en su bolsillo, a la espera de poder limpiarla cuando tuviera la oportunidad.

La falta de higiene, sueño y hambre eran desesperantes. Mucho más que en Terezín. La más mínima provocación desencadenaba discusiones entre los prisioneros. A veces se peleaban a golpes. También se hicieron comunes los robos, en especial de comida. Era tal el hambre, que algunos robaban las miserables porciones que otro guardaba en su ropa para comer más tarde. También se daban robos de ropa. Los prisioneros tenían prohibido dormir con los zapatos puestos, pero Heini y Felix lo hacían a menudo por temor a que alguien se los quitara durante la noche. En una ocasión aquello les costó una golpiza de un kapo, un prisionero cuya labor era controlar al resto. Tenía un bastón en la mano con el que golpeaba a los que incumplían las reglas o a los que lo hacían demasiado lento. Casi nadie se atrevía a contradecirlo, solo una vez vieron a un prisionero protestar. Fue Tomas, uno de los que dormían en su misma litera. Era un judío alemán, pocos años mayor que Heini, alto, de tez pálida. Había estado en Terezín desde mediados de 1943 y fue trasladado a Auschwitz en el mismo tren que Heini y Felix, en septiembre de 1944, pero no se habían visto.

—¡¿Qué dijiste, rata inmunda?! —le gruñó el kapo.

—Que necesito dormir con mis zapatos en la litera —le espetó con timidez.

El kapo lo golpeó con brutalidad, una y otra vez. En la cabeza, en las costillas, en las piernas, estaba enajenado. Luego de dar varios alaridos de dolor, Tomas quedó tirado en el suelo, sobre un charco de su propia sangre. Su espalda lucía terribles cicatrices que dolían a la vista. Sobrevivió de suerte y solo perdió un par de dientes. Era uno de los pocos con quien Heini había conversado, así que se ocupó de él y lo ayudó a reponerse.

En un principio Tomas no quería saber nada de Heini ni de ningún judío checo que hubiese estado en Terezín. La desigualdad le había hastiado; los checos conformaban la élite allá y gozaban de una mejor calidad de vida. Sin embargo, luego de haber recibido su ayuda, su actitud cambió y se volvieron cercanos.

A los pocos días de haber llegado, Heini supo que Josef Mengele no era solo el hombre que decidía la vida o la muerte de los recién llegados, sino que también era un torturador. Escuchó historias sobre su obsesión con los gemelos y los experimentos que hacía con ellos, que se relacionaban con la idea de aumentar la población de niños arios. Hacía operaciones y amputaciones sin ningún tipo de anestesia. Inyectaba químicos en los ojos de niños e incluso intentó coser a dos gemelos para convertirlos en siameses. No sabía si todo eso era cierto, pero aquellos rumores bastaban para helar la sangre. El doctor entró un par de veces a su barraca junto con otros oficiales, llevándose a más de un prisionero. Heini sudaba frío cada vez que lo veía, se le pasaba por la cabeza que se había enterado de la mentira de Felix sobre su edad y que lo iba a buscar.

Solo una cosa le daba más miedo que las visitas de Mengele, pero no lo hablaba con nadie. No podía soportar imaginar a su madre en ese infierno. Pensar que podía estar en una de esas filas interminables de barracas, o incluso que podría haber terminado en una cámara de gas, le generaba escalofríos y dolores estomacales de manera constante. Cada vez que miraba el tupido humo negro saliendo de las chimeneas pensaba en la posibilidad de que ella estuviese ahí.

—Estás pensando en ella, ¿verdad? —le preguntó Jiri una tarde en la barraca. Heini estaba sentado en el piso, apoyado en la pared. Su amigo se acercó y permaneció de pie a su lado.

—¿De qué hablas? —replicó Heini, sorprendido.

—Yo también pienso a veces en mis padres. —Se sentó a su lado—. No sé qué será de ellos, menos sé si tendrían la fuerza de sobrevivir si llegan aquí. —Heini se limitó solo a mirarlo, angustiado.

—¿Crees que los deporten?

—No lo sé, Henry. Creo que nadie lo sabe, pero debemos tener fe de que no será así. Nuestro traslado fue una excepción de varios meses.

Heini asintió sin pronunciar palabra. Jiri apuntó con un gesto a la litera donde estaba Felix, que miraba el suelo con las manos hundidas en los bolsillos, perdido en algún horizonte ficticio.

—Me preocupa su forma de enfrentar lo que está pasando —Heini se sorprendía por la capacidad de pensar en frío de Jiri.

—No es fácil. Tú tienes diecinueve años, yo veinte. Imagina vivir esto a los dieciséis. Felix ya no espera nada de la vida.

Se acercaron a Felix buscando su mirada evasiva y lo abrazaron sin decir palabra. Por su parte, Felix se quedó inmóvil, con los brazos caídos. No correspondió el abrazo. Heini miraba con lástima a su hermano menor, que necesitaba el amor que alguna vez recibió de sus padres divorciados. Se notaba su ira reprimida. Al mismo tiempo, admiraba a Jiri por su empatía y su capacidad de decisión. No perdía tiempo preguntándose *por qué*, sino *ahora qué*. Siempre hacia adelante, mientras a otros los nublaba el dolor.

Permanecieron allí, abrazados, apoyándose y lamentando su suerte.

Heini pensaba que no existía peor realidad que el extenuante trabajo que realizaban, mientras a solo unos metros de distancia, un grupo de judíos era sometido a una terrible labor que los destruía mentalmente. Los *Sonderkommando* debían sacar los cuerpos sin vida de las cámaras de gas y revisarlos para quitarles los objetos de valor, tales como dientes de oro o anillos que no habían sido identificados antes de su ingreso. Sin duda que escuchaban los gritos desgarradores y veían los rasguños desesperados en las paredes interiores de las cámaras. También debían llevar los cuerpos sin vida al crematorio para incinerarlos. Eran los únicos que sabían de verdad lo que sucedía ahí dentro y, por esa misma razón, eran asesinados cada cierto tiempo para ser reemplazados. Así los nazis evitaban que se difundiera la información. Lo mismo sucedía con quienes trabajaban en los crematorios a cargo de incinerar los cuerpos sin vida de las personas que no habían sobrevivido a alguna selección.

Heini, Felix y Jiri llevaban una semana en Birkenau cuando cientos de prisioneros que trabajaban en esas labores intentaron rebelarse al saber que serían asesinados. Mataron a tres guardias e intentaron huir. Eran cientos. Sin embargo, cuatrocientos cincuenta fueron capturados y ejecutados. Desde la barraca solo se escucharon ruidos confusos.

19

Heini despertó temblando de frío en medio de la noche opaca e impenetrable. Lo único que alcanzaba a divisar era el vaho saliendo de su boca. Le costaba encontrar razones para seguir viviendo. Una vez que sus ojos se acostumbraron a la penumbra, lo invadió el pánico al darse cuenta de que ni Felix ni nadie más estaba a su lado. Estaba solo, boca arriba, acostado en unas tablas de madera que no se sentían como las de su barraca. No recordaba haber sido trasladado. Tragó saliva, notando que el pulso aumentaba con ferocidad. Con las pocas fuerzas que le quedaban intentó levantarse, pero sus brazos, atados, no se lo permitieron.

Se encendió una luz que lo encandiló, dirigida directo a su rostro. Seguía sin ver con claridad. Pestañeó repetidas veces y, luego de unos segundos, fue capaz de enfocar a dos oficiales de las SS, uno a su izquierda y otro a su derecha.

—¿Ya despertó? —escuchó preguntar a un hombre que entraba a la habitación. Su voz era fría y seca, empapada por un eco venenoso.

—¿Qué es esto? —preguntó Heini con una voz apenas audible—. ¡Déjenme salir!

—Tranquilo —respondió el que había entrado recién, dando pasos lentos alrededor de la habitación—. Me aseguraré de que no sufras tanto. —Soltó una risotada burlesca.

Heini, consumido por la desesperación, trataba de soltarse de las amarras, pero solo conseguía dañarse más. Miró a su izquierda, no se había dado cuenta de que habían trasladado una mesa de madera a su lado, pero ahora veía con claridad que sobre ella se apilaban ojos humanos, amontonados como si fueran pelotas. El hombre que suponía era el jefe comenzó a silbar mientras se acercaba a la camilla. A Heini, la melodía que adornaba la sádica y macabra escena le resultó conocida. Su mente lo trasladó a su llegada a Auschwitz y al silencio eterno luego de la mentira que había ordenado a Felix pronunciar. Sí, era el mismo sonido tenebroso, las mismas notas.

Era él. Sin duda alguna.

No demoró en reconocer su peinado hacia atrás, su voz y su sonrisa, esa maldita sonrisa de dientes separados. Era Mengele, el ángel de la muerte. Los oficiales nazis a su lado eran sus enfermeros.

Su respiración se agitó en un instante. El pánico lo invadió y comenzó a gritar al tiempo que se retorcía en su camilla, como si ya lo estuviesen torturando.

—¡Sáquenme de aquí! ¡¿Qué quieren hacer conmigo?!
—Heini movía sus extremidades con violencia.

—Estás aportando a la ciencia, niño. Eres muy útil para nosotros.

Las muñecas le dolían de tanto tironear. Era imposible zafarse, pero continuaba intentándolo. Escuchó a los oficiales reírse mientras Mengele se le aproximaba con un instrumento que parecía y sonaba como un taladro. Acercó el artefacto al pecho de Heini y su sonido retumbó en sus sienes, bloqueando cada uno de sus pensamientos, hasta que comenzó a perforar su pecho.

La sala se vio inundada por una luz blanca cegadora y el ruido de unas sirenas ensordecedoras, sobreponiéndose al sonido del taladro y de sus gritos, que ahora no emitía él, sino que provenían de distintas direcciones.

Una convulsión.

Caos.

Desorientado, abrió los ojos de par en par. Un pitido apenas audible resonaba a unos metros. Sus brazos se sentían pesados y su cuerpo cansado, apaleado. Antes de asimilar lo que sucedía, atinó a quitarse con brusquedad las vías por las que le inyectaban suero, se incorporó de un brinco y saltó de la cama para esconderse debajo. Se cubrió la cabeza y se largó a llorar con fuerza, desconsolado. Pero no estaba Mengele. Era 1989 y estaba a salvo en un hospital, uno de verdad, en Santiago de Chile, y no corría peligro; sin embargo, temblaba y gemía como si acabara de vivenciar una experiencia cercana a la muerte. En la sala se encontraba Käte, su esposa, gritando hacia los pasillos para que acudiera alguien a asistir a su marido, que estaba fuera de sí.

Le habían operado: un baipás aortocoronario. Había sufrido un infarto de miocardio, pero en su mente él seguía en el infierno de Birkenau bajo la custodia del temido Mengele. Los sueños eran el lugar al que sus demonios del pasado podían acceder con mayor facilidad. Ya había sufrido múltiples pesadillas en las que se veía encarcelado en Auschwitz; a veces se colaban otros momentos dolorosos de su pasado. Su descanso era siempre inquieto.

20

Todos los días eran iguales. Pasaban horas encerrados en la barraca sin hacer nada, muchas veces sin siquiera comer o lavarse. Debían formar filas para los conteos, de pie durante horas, en silencio. Se hacía más difícil con temperaturas bajo cero. Así es como esperaban su muerte inminente.

Marchaban para trabajar cargando materiales pesados, tomaban su sopa aguada con una minúscula porción de pan duro. Regresaban para ser contados otra vez y los encerraban de nuevo en la barraca. La *vida* allí, si es posible emplear esa palabra, estaba diseñada para que los prisioneros no resistieran. Veían a hombres y mujeres debilitarse, hasta que agonizaban y morían tirados en cualquier parte. Los cadáveres y el humo denso y oscuro de los hornos crematorios que emanaba sin parar deterioraron con rapidez la salud física y mental de Heini: tenía cambios repentinos de humor, insomnio, sudoración, mareos y un fuerte dolor estomacal; también ataques de nervios que se apoderaban de él.

Nunca lograría deshacerse de aquellos síntomas.

Cada uno enfrentaba la adversidad a su forma. Muchos estaban demasiado deprimidos como para seguir luchando y creían que la única solución era el suicidio. Varios se mostraban irritables y otros tantos, solitarios. Había algunos que se empeñaban en dar luz al resto. Alfred, un *madrij* de la Jugend-fürsorge, seguía enseñando, tenía claro que se debía a los jóvenes.

Así, quienes deseaban la muerte o la vida compartían el mismo lugar. A pesar de su deterioro, Heini conformaba ese último grupo. El hambre y la fatiga llamaban a su puerta, pero se resistía a rendirse. Había prometido al doctor Kahn que cuidaría de Felix y ese era su norte: llevarlo lo más sano posible de vuelta, aunque a esas alturas ya parecía un náufrago. Su silencio y embobamiento escondían una única idea imposible: escapar.

Jiri era el más estable de los tres. Si bien le costaba, sobre todo cuando pensaba en Eva y la posibilidad de que estuviera muerta —momentos en los que se aislaba y lloraba a solas—, su fortaleza mental dejaba estupefacto a Heini. Pensaba con racionalidad, aún bajo las condiciones más extremas.

Fue Heini quien un día explotó por la impotencia.

—¿Cómo puede ser? Solo por ser judíos. —Felix miraba al vacío sin decir palabra—. Lo que estamos viviendo es un mal sueño, una pesadilla. ¡Mierda, esto es inhumano!

—Justamente ese es el problema —intervino Jiri—. No es inhumano, los nazis son tan humanos como ustedes y como yo. Que ellos sean capaces de hacer todo esto nos demuestra hasta dónde puede llegar el hombre. Creo que no hay nada más desesperanzador, pero es cierto. —Heini y Felix lo miraban entre incrédulos y escépticos, pero Jiri continuó—: tampoco creo que sean malvados por esencia. Dudo que los nazis hayan encontrado miles y miles de soldados dispuestos a matar por odio. Obedecen reglas y cada uno es una parte minúscula de una máquina monstruosa. Sin responsabilidad y sin remordimiento. No por nada nos matan en cámaras de gas y no disparándonos. Es una masacre sin culpables. No por nada tenemos las cabezas afeitadas, vestimos igual y a muchos les tatuaron números. ¡Mírennos! Lucimos idénticos. Nos quitaron la identidad, a cada uno. Nos despojaron de nuestra individualidad. Los inhumanos somos nosotros, o eso tratan de lograr, para no vernos como personas. Llegamos hacinados en vagones de ganado, como ovejas camino al matadero. Quizá vernos como animales hace más fácil la labor.

No alcanzaron a procesar la reflexión cuando apareció Josef, que había llegado hacía unos días con novedades desde Terezín. Se inclinó hacia ellos en tono confidencial.

—Los traslados están terminando. Deportaron a muchísima gente, pero sus padres siguen allá y están mejor.

Fue un alivio enorme, sobre todo para Heini, que sospechaba que su madre no pasaría la selección del doctor Mengele. La noticia repuso sus ganas de vivir y les dio la determinación suficiente para seguir adelante. Tenía un gran motivo para aguantar.

Una semana más tarde, cuando ya llevaban un mes en ese hoyo, irrumpieron en la barraca representantes alemanes de una fábrica de guerra en busca de jóvenes trabajadores. Necesitaban electricistas, cerrajeros, metalúrgicos y otros especialistas. Un sutil movimiento del bastón del kapo bastó para que todos, veloces, se ordenaran en filas. «¿Sería una posibilidad para salir del campo?», se preguntó Heini, que apenas procesaba las palabras de aquellos hombres. Entendió que estaban aprovechando Auschwitz como un mercado de esclavos judíos.

—¿Alguien aquí es electricista? —preguntó uno de ellos.

Jiri y varios más levantaron la mano. Intercambiaron un par de palabras con el representante de la fábrica y abandonaron la barraca. La escena se repitió con las distintas especialidades y decenas de personas salían. Cuando pidieron cerrajeros, Jaroslav, un joven de veintidós años que vivía en Praga antes de la guerra, levantó la mano y dijo que él también lo era. La seguridad de Jaroslav lo animó a mentir. Le pegó un codazo a Felix y ambos levantaron la mano. No puede ser una labor muy pesada, pensó, recordando cuando su padre le enseñó a forzar cerraduras para hacer travesuras.

El alemán se paró frente a ellos. Era un hombre alto, de unos cuarenta años y de apariencia impecable.

—¿Son cerrajeros los dos?

—Sí —mintió Heini, imprimiendo a su respuesta toda la seguridad que pudo—. Yo soy cerrajero y él es mi aprendiz —prosiguió, haciendo un gesto para referirse a su hermano.

No recibió ninguna respuesta. El hombre siguió avanzando, preguntando por otros oficios. No sabía si lo había hecho bien, si los matarían o si los llevarían con ellos. Fueron minutos largos, hasta que el sujeto volvió y les ordenó salir de la barraca.

Así saldrían milagrosamente de Auschwitz Heini, Felix, Jiri y también Tomas, a un mes de su llegada, junto con otros doscientos prisioneros. Su destino no podía ser peor que aquel campo.

A unos metros de la barraca comenzaron a repartir abrigos y ropa interior, parecía un regalo divino por el frío que calaba en sus huesos. Heini tomó la mezuzá que aún llevaba en el bolsillo de su pantalón y la puso en el de su nuevo abrigo. Al tomar los calzoncillos, se dio cuenta de que estaban hechos a partir de *talitim*, los mantos de oración que utilizan los judíos. No veía uno desde su bar mitzvá. El suyo quedó guardado en casa de la Oma Pavla, en Brno. Habían pasado tantas cosas desde entonces. Pavla había fallecido hacía casi dos años y hacía casi tres que los trasladaron a los campos. «¿Qué hice?», pensó mientras miraba la tela del *talit*, humillado y arrepentido por haber levantado la mano. Pudo ver a varios que sintieron lo mismo.

La bienvenida era un insulto.

—Tranquilo —le susurró Jiri—. Oí hablar a uno de los representantes de la fábrica. No hay forma de que ese lugar sea peor que Auschwitz.

21

A las cuatro de la tarde partió el tren. La mayoría eran checos que habían sido trasladados a Auschwitz desde Terezín, por lo que podían comunicarse sin problemas. En la primera parte del trayecto Heini conversó con Franz, un joven de su edad que parecía no tener compañía.

—Mis padres y mi hermana Olga fueron deportados al Este en mayo —le contó con los ojos llorosos—. Mi madre me prohibió ofrecerme como voluntario para el transporte. No sé nada de ellos desde entonces.

Sintió remordimiento porque sabía que sus padres seguían vivos, a diferencia de Franz. No quiso mencionarlos, prefirió presentarlo al grupo.

Estaban débiles. Habían recibido solo un pedazo de pan duro para el camino, aunque aquel día sabía mucho mejor que de costumbre; estaban saliendo del lugar donde pensaban que morirían. También tenían más espacio que cuando viajaron desde Terezín y pudieron descansar un poco durante la noche. Al amanecer pasaron cerca de una ciudad, no tenían idea de cuál, pero Heini divisó, entre los huecos del vagón, edificios dañados y destruidos, al parecer por bombardeos aéreos. Desde algunas esquinas se asomaban hilos de humo negro. El final de la guerra parecía estar cerca.

Los carteles en su lengua materna le hicieron saber que habían cruzado la frontera hacia Alemania. El tren se detuvo en la estación de Leipzig, cerca de Dresden, donde se suponía que iban a construir un campo de trabajo cuando salieron de Terezín: una mentira para evitar revueltas. Dos guardias de las SS les comentaron que se dirigían a la fábrica Hasag, en la ciudad de Meuselwitz. Era la primera vez que los miraban y trataban como a seres humanos. La fábrica era un subcampo de Buchenwald. Les ofrecieron agua potable y se quedaron con ellos en los vagones hasta llegar a destino. Cuando el tren se detuvo y las puertas se abrieron por completo, les ordenaron descender sin amenazas, gritos ni latigazos. El trato civilizado les extrañó y aquello los mantenía alerta.

La que había sido una fábrica de porcelana se veía moderna y limpia. Igual que en Auschwitz, cercos con alambres de púas se extendían por todo el perímetro, pero esta vez no estaban electrificados. Una única torre de vigilancia se alzaba sobre el campo.

—No debe ser demasiado difícil escapar —susurró Felix.

—Ni lo pienses. —Heini no sabía si su hermano se hablaba a sí mismo o si se dirigía a él, hacía días que no se le oía decir nada.

Sin embargo, era cierto, daba la impresión de que podían escapar. Al otro lado del cerco incluso veían gente circulando, pues la fábrica estaba en medio de la ciudad. Felix no desviaba su mirada de las alambradas cuando apareció el suboficial Blume, miembro de las SS. Parecía de treinta años, alto y sin visión en un ojo. Les enseñó las instalaciones del campamento y los guio hasta los cuarteles, donde pasarían las noches. No lo podían creer: cada uno tenía su propia cama, manta y toalla. Hasta tenían una estufa. Heini miró atónito a sus amigos y le causó gracia ver la sonrisa de Tomas, a quien le faltaban los dientes de adelante luego de la golpiza que recibió por parte del kapo en Auschwitz.

—Cemento, ventanas dobles y techos de concreto —describía Blume, golpeando el muro con su puño para mostrar su firmeza—. Sin astillas. Importante en el caso de un ataque aéreo.

Jiri se giró hacia Heini y le susurró:

—Eso significa que esperan un bombardeo.

—Es una fábrica de material de guerra —intervino Tomas, restándole importancia. Heinz recordó la panorámica de la ciudad bombardeada que divisó desde el tren.

Los baños contaban con papel higiénico y, si bien la estructura era parecida a la de Auschwitz, esta vez los agujeros tenían tapas. No había jabón, pero tenían un líquido grasiento blanco que parecía cumplir la misma función. También había duchas que podrían usar de vez en cuando, después del trabajo, según les contó el suboficial.

Al otro lado de la cerca se extendía una sección adicional, un campo con quinientas mujeres prisioneras provenientes de Rusia y Polonia.

—Trabajarán en dos turnos —explicó Blume, mirándolos con su ojo bueno—. Un grupo trabajará entre las seis de la mañana y las seis de la tarde, el otro desde las seis de la tarde hasta las seis de la mañana. Rotarán cada semana y deberán presentarse media hora antes de cada jornada. Trabajarán todos los días, excepto los domingos, que será su día de descanso.

—Doce horas al día —pronunció en voz baja Heini, aún desconfiado.

—Dos voluntarios, acompáñenme.

Jiri empujó a Heini hacia delante y dio un paso junto a él. Heini le devolvió una mirada de pánico.

—Es mejor que nos conozca —murmuró Jiri con semblante serio.

—Vamos a buscar comida —concluyó Blume.

Lo acompañaron sin pronunciar palabra, temerosos; en Birkenau cualquier motivo era suficiente para recibir un castigo. Les mostró lo que sería su alimentación por los próximos meses: sopa espesa hecha de cáscara de papas que podrían comer con cucharas, mientras que para el desayuno les daban café, pan y queso.

Luego de probar la sopa, mejor que la de Auschwitz, se dirigieron hacia el cuartel para pasar su primera noche. Eran cerca de treinta en la habitación. Tenían un poco de carbón que usaron para prender la estufa, artefacto que luego les serviría incluso para tostar pan.

Heini se recostó y recordó a Frantiska. «¿Qué será de ella? ¿Vivirá en Brno?» Qué distinto sería todo si hubiesen vivido en un contexto diferente. Ya no recordaba con rencor aquel último encuentro con ella. Esa noche descansaron como nunca, cómodos y sin frío.

A Heini le tocó trabajar con Tomas y Franz en el horario diurno. Felix y Jiri comenzarían en el nocturno. Blume los dirigió hacia unas barracas, donde les explicó que su labor era ayudar en la fabricación de *Panzerschreck*, un arma antitanque. Eran cilindros grandes cuya función era lanzar granadas. «De alguna forma hay que sabotearlo», pensó Heinz, pero no se atrevía realmente. Sus impulsos de resistencia habían sido reprimidos por completo.

En el grupo casi todos eran jóvenes, no habría sido ridículo pensar en una rebelión, pero ya no tenían fuerzas para intentarlo, y estaban sorprendidos por la mejora en las condiciones de vida. Además de sus amigos, divisó algunas caras familiares entre los prisioneros, aunque solo recordaba el nombre de Alfred. Lo apodaban Largo, dado que medía casi dos metros de alto. Era fácil distinguirlo desde la distancia.

Tenía el cabello negro y los ojos verde claro. Al igual que Kurt, el *madrij* de Felix en la Jugendfürsorge, era un apasionado del sueño de emigrar a Palestina. Él sí que pensaba en una rebelión. Un día esperó a que no hubiese nadie vigilándolos para explicar su idea de sabotaje, con la que, según él, dejaría de funcionar la producción de Panzerschreck. Franz le llevó la contra.

—No sabemos si los prueban antes de llevárselos en los trenes. Si algo no funciona, nos castigarán a golpes.

—Claro que hay un control de calidad, pero uno de nosotros es el encargado —replicó un hombre mayor.

—Quizá nos golpeen a todos por culpa de uno que hace mal su trabajo —comentó fríamente otro de los que estaba en el círculo.

El cuchicheo se hizo cada vez más audible y Tomas los hizo callar cuando vio a un guardia acercarse.

—Seguiremos discutiendo mañana —concluyó Alfred.

—¡Fin de la jornada! —anunció el guardia—. ¡Diríjanse a las duchas!

Había pasado más de un mes desde su última ducha, cuando llegaron a Auschwitz. La dignidad que aquello les devolvió se empañó con la visión de sus cuerpos desnudos. Si bien ya no lucían espaldas famélicas, como las que habían visto en aquel campo, estaban demacrados y consumidos. Heini pesaba menos de cuarenta kilos.

Tenían derecho a una hora de descanso en sus doce horas de jornada. El resto del tiempo lo utilizaban para comer y dormir. El turno de noche era el más duro, pues el frío de noviembre hacía que costara mantener la fluidez en los movimientos de las manos.

Felix no mostraba señales de mejora. No había hecho amistades desde su llegada y no parecía tener intención de hacerlas.

Una tarde de domingo volvió a mencionar su intención de escapar, sin mirar a los ojos a su hermano mayor.

—No podemos seguir encarcelados.

—Pero Felix, las condiciones aquí...

—No importa que sean mejores —le interrumpió, sin variar su tono de voz—. No podemos seguir viviendo así. Comparado con Auschwitz todo parece bueno. Es una ilusión.

Le explicó el plan que había pensado, que no tenía mucha lógica y generaba más dudas que certezas.

—Nos cuentan todas las mañanas, ¿cómo pretendes sortear eso?

—Podemos salir luego del conteo. Hay momentos en los que estamos casi sin supervisión.

—Y después ¿qué? —lo desafió Heini, con impaciencia—. Aunque saliera bien, ¿qué haríamos luego? No tenemos fuerza para vivir solos. No sobreviviríamos.

—Ahora tenemos más fuerzas. Nos dan más comida.

—No, Felix. Estamos a cientos de kilómetros de nuestra casa y si alguien ve a dos judíos caminando por ahí... ¡Nos denunciará y entregará!

Felix guardó silencio por un momento. Sabía que su hermano tenía razón.

—¿Por qué no escapamos de Terezín? —alegó—. Allá éramos más capaces que ahora. ¿Cómo fuimos tan idiotas?

—No sabíamos que todo sería cada vez peor. No nos quitaron las fuerzas de un tiro, fue de a poco; desde hace cinco años todo ha sido lento, gradual. Como el cuento de la rana que es hervida tan lentamente que cuando se da cuenta, no es capaz de escapar. No pudimos ver con claridad lo que sucedía... Hasta ahora. —Heini pensaba en aquello con frecuencia desde el tren que los llevó a Auschwitz—. Nos despojaron de nuestras libertades con una sutileza que hacía difícil predecir lo que vendría más adelante. Primero fueron los parques a los que no podíamos acceder, luego los cines y el teatro, después el toque de queda, los horarios para las comidas, el cierre de la escuela, la estrella amarilla en nuestras ropas. No sabíamos que seríamos expulsados de nuestras casas, que viviríamos en un lugar sin comida ni aseo, que seríamos trasladados en vagones de ganado a un matadero, a una máquina de matar gente.

Percibía la rabia contenida de Felix.

—Prefiero morir que seguir siendo prisionero.

—Ya podremos hablar más. Buena semana —le dijo dándole una palmada de cariño en el hombro. Al día siguiente a Felix le correspondía el trabajo diurno, a Heini el nocturno.

Le inquietó la idea de que su hermano decidiera escapar por su cuenta. Fue la primera vez, desde su llegada a Meuselwitz, que le costó conciliar el sueño. Pasó varias horas en vigilia. En algún momento de la mañana, en aquel letargo, ni despierto ni dormido, se alertó por el sonido de la sirena de bombardeos aéreos. Escucharon aviones volando bajo. Era usual sentirlos, pero no con tanta claridad. Oyó una especie de silbido lejano, seguido por un estruendo impetuoso y al final el sonido de maderas y cristales rotos.

Su cuerpo recuperó la lucidez y se refugió debajo de la cama, mientras el temblor y los ruidos cesaban. Iban a estar bien, Blume había sido enfático en la seguridad y resistencia de los cuarteles, pero luego pensó en Felix, que a esa hora estaba a la intemperie trabajando.

Había gritos a lo lejos.

22

Sus amigos estaban tan asustados como él. Tomas, Franz y Alfred yacían escondidos bajo sus camas, asomando sus cabezas a la espera de que terminara el alboroto. Cuando se hizo el silencio, irrumpió el suboficial Blume en el cuartel, mirando de un lado a otro para corroborar que no hubiese daños. Giraba la cabeza en exceso debido al parche que tenía en su ojo, que le reducía el campo de visión. Para su tranquilidad, solo habían caído cristales sobre algunas camas y, como los prisioneros cumplieron con celeridad la instrucción de esconderse bajo estas, no hubo heridos.

Les informó que los del turno diurno estaban a salvo. Alcanzaron a entrar en uno de los refugios antiaéreos, en el sótano de los edificios de la fábrica. Además, las bombas no alcanzaron los edificios donde se encontraban, sino que impactaron en el campo colindante. Las mujeres que se encontraban trabajando en el exterior subieron a una colina para protegerse, pero recibieron el impacto directo de un proyectil.

Tomas miró a Heini con una mueca de dolor, mostrando su dentadura vacía. No querían escuchar lo que iba a decir Blume.

—Murieron treinta y ocho mujeres y otras sesenta y seis resultaron heridas de gravedad. También murió un guardia.

Al menos Felix y Jiri estaban bien, pero a Heinz se le revolvió el estómago al pensar en aquellas mujeres. Esperaba que nunca corrieran la misma suerte. Parecía que se avecinaba el final de la guerra y debían sobrevivir un tiempo más.

El bombardeo norteamericano de aquel treinta de noviembre no solo mató a decenas de mujeres, sino que repartió sus restos por todo el campo. Extremidades sueltas estaban desparramadas por el terreno y colgaban de los árboles. Blume les ordenó a los prisioneros del turno de día que trasladaran los restos mutilados y los subieran a un camión para llevarlos a la morgue de Meuselwitz. Fue una labor que fracturó una vez más al pobre Felix, que jamás volvería a ser el mismo. Incluso Jiri, que tenía una fortaleza mental envidiable, no logró recuperarse del trauma y pasó semanas callado. Desde entonces cundía el pánico cada vez que los aviones sobrevolaban la fábrica; y el peligro de los bombardeos no cesó, sino que se intensificó.

En diciembre, el oficial Bergmeier tomó el puesto de Blume, cuestión que empeoró las condiciones de vida por malos tratos y castigos. Los ánimos fueron empeorando. Había días en que Blume, que no había dejado el campo, los despertaba de noche para realizar tareas de trabajo pesado, sin importar el frío extremo o la nieve. Debían cargar y descargar grandes cajas de los vagones del tren. En los horarios de descanso o los domingos también eran obligados a realizar tareas de limpieza. Era extenuante, pero al menos no estaban en Auschwitz. Ese fue el pensamiento con que Heini mantuvo fuerzas durante las semanas más duras del invierno. Intentaba ver el vaso medio lleno: aún tenían mejor alimentación, duchas —aunque descubrieron que el líquido que habían estado usando como jabón causaba problemas a la piel—, y no tenían que ver el humo negro emanando de los crematorios.

Una tarde de viernes Heini oyó una conversación entre Blume y Bergmeier sobre trivialidades, pero un pequeño detalle lo devolvió a la realidad.

—El domingo no estaré. Viajaré para pasar Navidad con la familia de mi esposa. Saldré pasado el mediodía para llegar al atardecer, antes de Nochebuena.

Estaba de cumpleaños. Hacía años que no lo celebraba. Recordó cuando se reunía su familia en casa de la Oma Pavla para festejar. Alrededor de esa fecha también falleció su abuela, dos años atrás, y a finales del año anterior había sido la última vez que vio a su tío Karel, antes de ser enviado al Este. Era probable que ya estuviera muerto.

Miró hacia arriba y pidió dos deseos. El tercero lo reservó para su madre.

Cumplía veintiuno. Desde los dieciocho que vivía aquella pesadilla.

Las semanas siguientes estuvieron marcadas por el trabajo duro ordenado por Bergmeier, a veces solo para cansarlos y denigrarlos. Los castigaba con su látigo de cuero negro. El maltrato y el frío hicieron de aquellos los días más duros en Meuselwitz, sumados al miedo por nuevos bombardeos y el trauma aún latente del final de las mujeres.

Las raciones de comida se hicieron insuficientes, pero esta vez el comportamiento era como el de una comunidad. Salvo excepciones muy puntuales, no había robos y primaba cierto espíritu de esperanza y camaradería, más aún cuando se enfrentaban al peligro de los ataques aéreos.

—Se acerca el final de la guerra, Henry —proclamó Jiri, triunfal, mientras miraba los aviones pasando por el cielo—. ¿Sabes qué significa eso? Que queda poco tiempo para volver a ver a Eva y a mis padres. —Llevaba una sonrisa de ilusión impresa en el rostro.

La primavera se avecinaba cuando, en una noche normal de trabajo en la fábrica, el ruido de los aviones se hizo más fuerte de lo habitual. Los del turno de Heini dejaron sus funciones y salieron del edificio. Observaron bengalas rojas desplegarse desde los aviones británicos: era un aviso. Comenzaron a sonar las alarmas y corrieron al sótano para refugiarse, donde se encontraron con quienes estaban en el cuartel. Heini divisó a sus amigos, agitados, pero al parecer estaban a salvo en el refugio antiaéreo.

El terror por el peligro inminente se palpaba en el aire.

La visión de los restos de mujeres desplegados por el campo en el bombardeo anterior instaló en su mente los peores augurios. Los estruendos se sintieron con más fuerza que aquella vez. Se escuchaban los impactos sobre los edificios y su destrucción. Los ventanales quebrándose los estremecían, hasta que el último prisionero entre los conocidos entró al búnker y cerraron las puertas de metal pesado. El ruido se hizo más lejano. Parecía un terremoto, las instalaciones completas temblaron durante largos minutos. En medio del pesimismo y el miedo, Heini tomó un pedazo de pan que había guardado en un bolsillo de su abrigo. «Si la muerte me encuentra hoy, que al menos me encuentre sin hambre», pensó.

Pero el refugio resistió. Estaban a salvo. Cuando abrieron las puertas vieron que el edificio, escaleras arriba, había sido impactado desde múltiples direcciones y estaba casi destruido. Salía humo de todas partes. Los espacios de trabajo se esfumaron, pero los cuarteles permanecían casi intactos. El campo y sus alrededores quedaron llenos de restos de bombas. También quedaron algunas sin explotar que se incrustaron en la tierra. Nadie sabía mucho sobre explosivos, pero era obvio que estar allí era un peligro.

Bergmeier pidió voluntarios para excavar y desactivar bombas que no habían explotado en distintas partes de la ciudad. La recompensa era una rebanada extra de pan. La labor consistía en cavar hoyos, según les indicaba un soldado alemán experto en demoliciones, para desenterrar los proyectiles. Una vez abierto el camino, un voluntario debía quitar la mecha ante la mirada de sus compañeros, para luego atornillar un tapón y entregar la bomba a los alemanes.

Heini y sus amigos se ofrecían como voluntarios con frecuencia. Salían temprano por la mañana, pasaban el día cavando hoyos en grupo y desactivando las bombas en los campos alrededor de la ciudad. Por la noche regresaban al campamento para cobrar la ración de pan.

—¡Cómo nos ayuda esto a paliar el hambre! —celebró Franz mientras caminaban a su nueva labor.

—Somos mano de obra demasiado barata —rio Alfred.

Los dividieron al separar los grupos para las excavaciones. Por un lado, fueron Heini, Jiri, Felix y Alfred y por otro Tomas y Franz. En total eran cinco o seis grupos de diez personas cada uno. Pasaron largas horas repitiendo la misma tarea que los mantenía ocupados a diario desde el bombardeo, cuando un fuerte estallido a la distancia rompió la monotonía. No tardaron ni un instante en voltearse, para ver a varios de sus compañeros salir disparados por la explosión.

23

Un error del voluntario a cargo de remover la mecha ocasionó que una de las bombas explotara, matando a todos los que estaban de pie a su alrededor. A Heini se le hundió el pecho y su mundo se paralizó cuando vio los cuerpos de sus compañeros inertes en el pasto.

Intercambió una mirada de horror con Jiri antes de salir corriendo en dirección al lugar de la explosión. Alfred, que estaba sentado a pocos metros, se puso de pie de un respingo al ver a sus amigos corriendo y los siguió, acongojado. Estaban a mitad de camino cuando Heini vomitó de súbito. Tenía el rostro lívido. Cuando pudo reincorporarse, vio a Jiri y Alfred volver caminando con dificultad. Alfred tenía la vista extraviada y Jiri lo envolvía del cuello con su brazo. Lágrimas silenciosas resbalaban por sus mejillas.

—¿Qué? —preguntó Heini, pasmado. Jiri tragó saliva con esfuerzo antes de hablar.

—Tomas y Franz —respondió quebrándose, con una mueca de dolor.

Mareado y descompuesto, Heini abrazó a sus amigos. No solo habían muerto diez de sus compañeros, sino también sus dos amigos. A Heini se le vino la imagen de Tomas sonriéndole, con sus dientes rotos, cuando vieron por primera vez las camas y las sábanas y la ropa en el cuartel. Luego pensó en Franz, cuya muerte seguramente significaba el fin de su familia.

Volvió a vomitar sobre el césped.

Ya de vuelta donde se encontraba su grupo, encontró a Felix sentado, solo, con la cabeza hundida entre sus rodillas. Irguió su cabeza cuando Heini lo llamó. Tenía los dientes apretados, el semblante sombrío y una mirada vacía, inescrutable. Ninguno olvidaría la imagen de aquella explosión.

La labor de desactivación no terminó ese día, sino que se extendió por varias semanas. Hubo algunos que siguieron siendo voluntarios. Heini, Jiri, Felix y Alfred no volverían a hacerlo. Optaron por limpiar escombros afuera de la fábrica. Bergmeier los obligaba a hacer trabajos forzados sin sentido. Debían mover cargas pesadas de un lado a otro, bajo sus amenazas y el peligro de sus latigazos.

Una tarde de primavera Bergmeier entró al cuartel sin su látigo. Era extraño, siempre lo traía consigo. Su actitud era distinta. Blume entró después de él.

—Tenemos un mensaje importante —anunció, con voz severa—. Las tropas norteamericanas están cerca.

Se produjo un murmullo generalizado entre los prisioneros.

—¡Silencio! —gritó Bergmeier—. Tienen suerte. Se me ha ordenado que entregue este campamento a las tropas estadounidenses dentro de los próximos días. Advierto que cualquier persona que intente interferir o atacarnos, recibirá un disparo. Hasta que lleguen las fuerzas enemigas, todo seguirá tal y como está.

Cerró la puerta y el cuchicheo se reactivó casi de inmediato.

—¡Nos van a salvar! —celebró Jan, uno de los voluntarios.

—Es solo cosa de tiempo —agregó Jaroslav, un judío checo un poco mayor que Heini.

Sin embargo, algunos no estaban tan seguros como para festejar.

—¿De verdad creen que nos entregarán? Seguro que nos matan antes de que lleguen —se escuchó decir a un prisionero.

—También es posible que nos muevan a otro lugar, más lejos de los estadounidenses —agregó Alfred.

—Lo importante es mantener la calma —intervino Jiri—. No hagamos ninguna estupidez que pueda costarnos la vida. Recuerden que todavía tienen armas.

Al mediodía siguiente Blume les indicó con premura que debían abandonar el campamento. Les ordenó que fueran a buscar sus pertenencias para luego dirigirse hacia afuera, por donde habían llegado seis meses atrás.

Reinó el nerviosismo. No sabían qué pasaba ni adónde los llevarían. En el cuartel no había casi nada, pero Heini tomó su manta, toalla y chaqueta. Lo mismo hicieron Felix y Jiri. Nadie tenía un buen augurio, sentían que los enviarían a la muerte. Eran basura que tenían que desechar. Alemania perdía la guerra y tampoco la fábrica Hasag servía.

En la entrada descansaba un tren largo con una metralleta instalada en la parte posterior. Los vagones estaban llenos de briquetas de carbón que tuvieron que descargar antes de subir. Como siempre, era un transporte de carga. Entraron más de cien personas y quedaron hacinadas, sin espacio para sentarse y sin comida ni agua. Por un momento Heini creyó que volverían a Birkenau, luego recordó la ametralladora que iba a bordo. Se mareó y comenzó a transpirar. Se desesperó, quería escapar, no podía más. De haber sabido que le dispararían a Felix, ni lo hubiese pensado.

Se dirigieron hacia el sureste. Primera parada: Altenburg. Llegaron en un par de minutos. Les pareció extraño detenerse tan cerca. Nadie conocía ese lugar, que era otra sucursal de la fábrica Hasag. No se les ordenó que bajaran; estaban recogiendo a cientos de mujeres que eran instadas a subir a un vagón delantero. Heini casi no alcanzaba a ver, pero alguien relataba lo que sucedía.

—Las tratan peor que a nosotros. Están golpeándolas y pateándolas, sobre todo a las que demoran en subir. Son muchas, demasiadas.

El ruido de un disparo lo interrumpió, seguido de un silencio generalizado.

—Están matando a las que no logran subir —lamentó el que narraba, luego de una pausa.

Se escucharon más y más tiros. Heini se estremeció cuando divisó los cuerpos inertes y se giró para no ver más. En el vagón nadie se atrevía a decir que iban de camino a una muerte segura, pero casi todos lo asumían. Felix se mantenía en silencio, al lado de su hermano mayor.

—Ya no queda nada por qué pelear —pronunció luego de unos minutos, a un volumen casi inaudible. Se le notaba exhausto, perdido.

—Vamos, Felix. Permanezcamos juntos y estaremos bien, como lo hemos hecho hasta ahora.

—Hemos llegado muy lejos y la guerra está por terminar. Tenemos que aguantar un poco más —intervino Jiri, que estaba justo al lado.

—Al menos no vamos en dirección a Polonia —adujo Felix con voz cansina, observando hacia afuera.

Una señalética escrita en checo indicaba que cruzaban la antigua frontera con Checoslovaquia. Estaban en los Sudetes, área que había sido anexionada por los alemanes en 1938. Igual que cuando tenía ocho años, Heini dejaba Alemania para dirigirse al país de su madre. Pensó en ella por un momento. Cuánta falta le había hecho. No debía estar tan lejos: Terezín no estaba demasiado lejos de la frontera con Alemania. Esperaba que estuviese viva, pero ya no le quedaba demasiada fe. «Ya te voy a ver, mamá» se decía a sí mismo, recordando su despedida, más de seis meses atrás.

Perdieron la noción del tiempo. Podrían haber sido uno o dos días, no lo sabían. Solo les habían dado un poco de pan duro. La muerte los acechaba mientras pasaban por verdes praderas y profundos bosques, enmarcados por una hilera de montañas bajo un cielo azul intenso.

No, ese no era un día para morir.

El tren se detuvo en la estación Kraslice Predmestí, suburbio de Graslitz, todavía cerca de la antigua frontera. Al fin les permitieron descender. Llevaban días y noches enteras de pie, apretados unos con otros, sin poder siquiera sentarse. Escucharon a Blume decir que tenían que esperar el paso de otro convoy que transportaba soldados alemanes desde el sur. Solo había una vía ferroviaria.

Al salir del vagón se sentaron en unos pequeños montículos de pasto, al lado de las vías. Incluso había un pequeño río al que pudieron acercarse y rejuvenecieron por un instante. Al otro lado del riachuelo, se levantaba una colina, en cuya cima comenzaba un denso bosque que parecía prolongarse por kilómetros. Después de algunas horas se les ordenó volver a subir, cuando escucharon el traqueteo del otro tren aproximándose.

Se estaba acercando, los rieles vibraron a su alrededor, cuando el silbido ensordecedor de dos aviones norteamericanos que aparecieron en la misma dirección opacó el ruido de la locomotora. Los oficiales dirigieron sus miradas hacia el cielo mientras los prisioneros entraban a los vagones. Heini tomó la mano de Felix y lo arrastró para refugiarse debajo del vagón. No logró divisar ni a Jiri ni a Alfred. Los aviones volaban casi en picada, aproximándose a gran velocidad, con clara intención de acercarse al tren militar. Pasaron por encima cuando ambas locomotoras ya estaban cerca y dejaron caer con violencia dos bombas. La explosión azotó las máquinas y el impacto alcanzó también el vagón donde estaban las mujeres que se habían incorporado en Altenburg. Murieron de inmediato.

Heini permanecía acostado sobre las vías del tren, todavía tomando con fuerza la mano de Felix. En la otra, apretaba la mezuzá de oro.

Todo se cubrió de un denso humo negro. La tierra se sacudía con violencia y el eco de los estallidos martilleaba los oídos de Heini, que, con una mezcla genuina de miedo y esperanza, intentaba con todas sus fuerzas entender lo que sucedía.

Desesperación.

Gritos.

Desconcierto.

En un arrebato de valentía, Heini aferró a su hermano por el brazo para que se pusieran de pie y abrieran carrera con todas sus fuerzas, alejándose de los trenes. Casi una decena de prisioneros hicieron lo mismo. Bergmeier y Blume quizás eran historia, tenían que aprovechar la confusión para escapar.

Con la poca fuerza que les quedaba, pero empujados por la adrenalina, echaron a correr, despavoridos, hacia la pradera que había en Graslitz. Saltaron sin dudar para cruzar el riachuelo y continuaron acelerando colina arriba, acompañados por el incesante sonido de los disparos de una metralleta, de seguro la que estaba en la parte posterior del tren, que buscaba alcanzar a cualquiera de los que escapaban.

Siguieron avanzando por la ladera del cerro, a toda velocidad, sin mirar atrás. El corazón de Heini latía con furia en su pecho, como si quisiera abrirse camino propio.

A Heini se le había escapado la mano de Felix, pero se gritaban para asegurarse de estar juntos aún. Cerro arriba, utilizaban brazos y piernas para subir. Sus fuerzas flaqueaban. El ruido de la metralleta, la agitación y el caos les dificultaba escucharse, a pesar de que estuvieran a pocos metros de distancia. Se adentraban en el bosque, podrían esconderse entre su vegetación y desaparecer, pero un claro sonido hizo que Heini dejara de correr. Felix había caído en seco.

24

La respiración se le atascó en la garganta. ¿Cómo había sido tan estúpido? ¿Era necesario escapar y arriesgarlo todo? Después de sobrevivir durante años y justo cuando la guerra terminaba, su hermano yacía en el suelo. Ni siquiera él tomó la iniciativa en ese momento, pese a que estaba obsesionado con fugarse.

Heini se dejó caer por la culpa. En cuestión de segundos pasaron por su mente los últimos acontecimientos. ¿Por qué no se habían quedado en el tren con los demás? Como Jiri y Alfred, que habían dicho que aguantaran un poco más.

La imagen del doctor Kahn asaltó su mente. ¿Qué dirá cuando sepa que no cuidé a su hijo? Felix estaba a unos metros, tendido, mientras los disparos de la metralleta no cesaban. Los peores segundos de la vida de Heini desfilaban ante él con suma lentitud. Cuando volvió en sí y acudió a su hermano, notó que sangraba mucho, pero la bala no había entrado en su cabeza, solo la rozó. Estaba inmóvil, en shock. Atinó a tomarlo por debajo de un hombro y lo llevó a rastras hacia el interior del bosque. Con las últimas fuerzas que le quedaban, lograron desaparecer entre los árboles.

Fuera del alcance del tren y la metralleta, se apresuró a asir a Felix bajos los hombros y tirar de él hacia un árbol. Lo sentó apoyándolo contra el tronco, rajó un pedazo de manga de su abrigo y envolvió su cabeza en ella, para hacer presión sobre la herida y amainar el sangrado. Ambos jadeaban, por cansancio y miedo. Más prisioneros habían huido, pero la adrenalina no les permitió identificar a ninguno. Estaban solos.

—Pensé que había muerto —afirmó Felix, todavía con la respiración entrecortada—. Gracias.

Corroboraron que el daño era leve, pese a la cantidad de sangre que manaba. No podían quedarse allí, necesitaban alejarse del lugar de la explosión y buscar agua para limpiar la herida y beber. Era seguro que los buscaban. Heini respiró profundo antes de continuar y se masajeó las piernas, agarrotadas por el esfuerzo. Llevó su mano al bolsillo del abrigo y recién en ese momento se percató de que ya no llevaba la mezuzá que le regaló su madre. Lo invadió el pánico. Miró a su alrededor buscando en todas direcciones dónde pudo haber caído. Nublado por el miedo de perderla e ignorando el peligro que eso implicaba, volvió sobre sus pasos mirando fijo hacia el suelo. Era casi imposible recuperarla, pero a esas alturas, el colgante era para Heini un símbolo de la unión con su madre. No podía arriesgarse a perderlo. Era todo lo que guardaba de ella. De pronto, el reflejo de la luz del sol en el cilindro de oro capturó su mirada a pocos metros de donde se habían detenido. Corrió hacia él. Heini ya no tenía fe alguna en Dios, pero sostenía y contemplaba la mezuzá como si se tratara de un talismán.

La guardó de nuevo en su bolsillo y se alejaron a paso raudo, lo suficiente como para que no les siguieran el rastro. Luego buscaron un lugar entre la vegetación que sirviera como refugio, para esconderse y descansar unas horas. No retomarían la marcha hasta que la luz del sol se hubiera desvanecido por completo en la oscuridad de la noche. Utilizaron esa estrategia durante días. Se escondían de día, avanzaban con sigilo de noche. Andaban a tientas bajo la negrura de la noche casi sin luna, manteniéndose lejos de caminos iluminados. No tenían un destino claro, solo caminaban hacia el sur, esperando el fin de la guerra, que se aproximaba inexorable.

Heini se negaba a acercarse a las casas de los pobladores por miedo a que alguien los delatara. No estaba dispuesto a correr el riesgo y, por ende, no tenían nada que comer. Se alimentaron solo de pasto y raíces durante toda esa semana.

El temor de ser encontrados era tan grande como el que le infundían los guardias de las SS en los campos. Pese a que a diario encontraban cursos de agua, Heini estaba muy deshidratado debido a los vómitos y la diarrea que le producía el estrés. Sin embargo, seguían avanzando. Cerca de un camino vieron una señalética que anunciaba que estaban cerca de Pilsen, una de las ciudades principales de la ex Checoslovaquia.

Una madrugada, cuando despuntaban las primeras luces del alba y justo cuando encontraron un lugar donde esconderse, a Felix le volvió a sangrar la herida y comenzó a convulsionar. Heini se sentó en el piso montañoso y, sin entrar en pánico, posó la cabeza de su hermano entre sus muslos para que no se golpeara y esperó a que se tranquilizara.

No podían seguir así. Necesitaban atención médica.

—Aguanta, por favor, un poco más —le imploró cuando los espasmos cesaron—. Vamos a Pilsen, quizá podamos encontrar algo de ropa en el camino y ver cómo llegar a Brno.

Lo había pensado, pero al decirlo en voz alta le pareció una locura. De todas formas, no tenían otra escapatoria. Se demoraron una noche más en llegar a las afueras de Pilsen. Atisbaron a la distancia sus casas y edificios. En una ciudad sería difícil evitar que los descubrieran, pero estaban demasiado débiles y necesitaban ayuda y comida de verdad. Adentrándose por los caminos, pasaron por residencias con grandes jardines que tenían plantaciones de frutas y verduras. Esperaron a que en alguna se apagaran las luces para sacar algo. Cuando se hizo la oscuridad en una, tuvieron que cruzar una reja de alambre de púas para entrar, posando los pies con infinita cautela, pero la casa se había vuelto a iluminar. Quedaron paralizados cuando escucharon un grito. Un escalofrío le recorrió el cuerpo a Heini.

—¡¿Quién está ahí?!

Era la voz de un hombre mayor, seguido del sonido del azote de la puerta. Estaban perdidos. Los habían descubierto. Heini pudo notar el palpitar de su corazón en las sienes.

—Muéstrate —vociferó al no recibir respuesta. Heini se puso de pie con las manos en alto y Felix lo imitó.

—Necesitamos refugio, estamos hambrientos. Por favor.

El silencio les hizo pensar que era el fin. El desconocido se acercó sin pronunciar palabra y, cuando pudo acercarse, volteó su cabeza hacia ambos lados para verificar que no hubiese ningún vecino, no sin antes recorrer con cuidado los cuerpos débiles que se paraban frente a él.

—Pasen —musitó, temiendo que alguien pudiera oírlos.

Entraron a la casa y luego al sótano. Su aspecto descarnado evidenciaba que no significaban un peligro real, por eso aquel hombre los dejó entrar, aunque los hermanos lo hicieron con desconfianza. Cuando quedaron solos en el sótano y sus ojos se acostumbraron a la penumbra, se miraron sin decir nada. Unos minutos después, escucharon pasos bajar por las escaleras.

—No hagan ruido. Aquí tienen una manta y algo de comida. —Observó a Felix—. Toma esta venda y un poco de alcohol. Tu herida podría estar infectada.

Quedaron pasmados. Después de devorar la comida se acostaron a dormir, bajo techo al fin, con más emociones de las que podían procesar. Al principio temían ser delatados, pero después de recibir varias porciones de comida al día siguiente, se convencieron de que estaban a salvo. Fuera de peligro, después de tanto tiempo.

Su salvador se acercaba a los sesenta o setenta años. Se notaba cansado y deteriorado. Tenía el cabello gris, rostro arrugado y postura encorvada. Casi no les hablaba, solo aparecía para darles comida y a veces les dejaba la puerta abierta para que recibieran luz natural. También podían escuchar la radio que el viejo mantenía siempre encendida, sintonizando noticias sobre la guerra. Heini recordó a la Oma Pavla cuando comenzó la guerra: de pie, pegada al mismo aparato, angustiada día y noche.

La tarde del cinco de mayo de 1945, luego de varios días en aquel sótano, escucharon en la radio que los ciudadanos de Pilsen se sublevaron contra el régimen nazi. Era solo cuestión de tiempo. Fue a la mañana siguiente que volvieron a escuchar un anuncio importante en el noticiario: el ejército americano había llegado a Pilsen. Heini se incorporó de golpe, sin dar crédito a lo que escuchaba, y esperó ansioso a que el hombre bajara. No sabía qué decirle, pero él se adelantó.

—Todo indica que la guerra terminó, al menos en Pilsen. ¿Quieren salir?

Quedaron desconcertados. Le agradecieron mientras subían las escaleras y, cuando se asomaron por la puerta principal, la luz del sol los encandiló. Una vez que sus ojos se acostumbraron y luego de caminar unos metros, pudieron ver los tanques y carros estadounidenses avanzando por los caminos de la ciudad. Se quedaron mirándolos, pasmados, con algo de emoción contenida. Se acercaron con cautela. Un carro se detuvo, un joven soldado descendió y se aproximó a ellos. Quizá tenía pocos años más que Heini, pero se veía mayor, mucho más compuesto y seguro. Tenía el cabello crespo y un bigote delgado sobre sus labios. La primera reacción de Heini fue retroceder y empujar a Felix con él, hasta que se fijó bien en que su uniforme era distinto al de las SS. Tenía un parche triangular en su hombro izquierdo. Era rojo, amarillo y azul, con un dibujo de un tanque y el número 16 inscrito.

—Son judíos, ¿verdad? —preguntó en un pausado inglés nativo. Temieron por instinto, pero luego asintieron con la cabeza—. Vengan conmigo —les instó el soldado, con una sonrisa.

TERCERA PARTE

25

Después de tres largos y dolorosos años, por fin eran libres. Rozaron la muerte en Terezín, Auschwitz y Meuselwitz, pero sobrevivieron. Ahora podían descansar tranquilos, incluso fantasear con retomar su vida.

Heini se volvió hacia la casa del anciano que los refugió, quien los miraba alegre apoyado en el marco de la puerta principal. Se acercó a él para extenderle la mano en señal de agradecimiento.

—No tengo palabras para expresar mi gratitud hacia usted.

—No hay nada que agradecer. —Le devolvió una sonrisa quebrada—. Aprovechen de vivir con plenitud y disfrutar de su libertad.

Heini miró hacia el interior de la casa y, sobre un mueble en el comedor, vio la foto enmarcada de un adolescente, con rasgos parecidos a los del anciano. A su lado se alzaba una vela encendida, parcialmente derretida, rodeada de la cera de otras tantas ya consumidas. Se despidió del anciano y se dispuso a alejarse de la casa.

El soldado americano los llevó donde un doctor del ejército para que fueran examinados. Por lo débiles que estaban, los mantuvieron en observación y bajo una dieta especial, junto con más sobrevivientes. Fueron días maravillosos. La comida en el sótano del viejo no estaba nada mal, pero en libertad todo era un verdadero manjar; habían sido años de sopas y pan insípido. Les entregaron chaquetas y camisas militares. También podían lavarse. Los soldados los observaban sorprendidos por lo harapientos, desnutridos y sucios que estaban.

El doctor trató la herida de Felix. Él, por su parte, se mantuvo en absoluto silencio. Su ensimismamiento se había acentuado luego de recibir aquel disparo, que, aunque no logró matarlo, lo terminó por quebrar. El mismo soldado los acompañó y los visitó con frecuencia. Se mostraba cercano y preocupado. Les preguntaba si necesitaban algo y su presencia los tranquilizaba.

Fueron cerca de tres semanas bajo el cuidado del ejército estadounidense en Pilsen. En esos días, Heini retomó su peso normal: pasó de apenas treinta y cuatro kilos que llegó a pesar unos meses antes, a sesenta y nueve. Fue irónico, o trágico en realidad, que varios sobrevivientes murieran por comer más de lo que su cuerpo podía tolerar. Sus estómagos no estaban acostumbrados a la libertad alimenticia.

—Eres un milagro —le comentó el doctor a Heini al terminar de examinarlo—. A casi todos les encontramos algo: algunos a los pulmones, a otros al corazón. Tú estás totalmente sano y recuperado. Y la herida de tu hermano está casi lista, por cierto.

Estaban aliviados por haber sobrevivido. Juntos, además, pero ninguno era capaz de sonreír. El dolor y el sufrimiento aún pesaban demasiado como para disfrutar de la libertad con alegría. Todavía no sabían qué había sucedido con sus padres, por lo que el capítulo no estaba cerrado. Desde que vieron la luz, Heini estaba desesperado en silencio por volver a Brno y abrazar a su madre.

Un día antes de separarse del ejército, el soldado que los encontró se acercó a Heini y a Felix para que lo acompañaran. Subieron a un carro y avanzaron algunos metros.

—¿A dónde vamos? —se atrevió a preguntar Heini, extrañado.

El soldado se limitó a sonreírle, sin responder. Luego de doblar a la derecha en una avenida, se detuvo frente a un apoteósico edificio con dos cúpulas bulbosas. Se trataba de la Gran Sinagoga de Pilsen.

—Yo también soy judío —les confesó, emocionado. En ese momento todo cobró sentido. Por eso el soldado se había mostrado tan cercano y preocupado—. Toma —arrancó el parche que llevaba en su uniforme y se lo entregó a Heini. Él, por su parte, le devolvió una sonrisa abatida, de cansancio.

Tuvieron la oportunidad de conversar de todo ese último día. Sin entrar en mucho detalle, Heini le contó lo que habían vivido: la violencia, los maltratos y el sufrimiento. Felix permanecía en silencio a su lado. Luego se tomaron unas fotos que los hermanos se llevaron como recuerdo.

Nunca más supieron de él. Heini se percató tarde de que no llegaron a conocer su nombre.

Volvieron en tren a Brno. Aún no se acostumbraban a la libertad. La ansiedad aumentaba vertiginosamente a medida que se acercaban. Cuando arribaron vieron un panorama muy distinto al que recordaban, casi siniestro. Llena de escombros por los bombardeos y sumida en una calma poco habitual, la ciudad estaba bajo el cuidado de los soviéticos.

Llegaron a su casa, en la calle Ná Ponavce, y llamaron a la puerta con el corazón en la mano. Esperaban reencontrarse, después de largos ocho meses, con Helena y el doctor Kahn.

Tras unos segundos, la puerta se abrió con lentitud, lo justo y necesario para que desde adentro pudieran ver quién llamaba. Heini se sobresaltó cuando vio a un hombre desconocido.

—¿Qué quieren? —les preguntó en seco.

—Esta es nuestra casa —respondió Heini, indignado.

—Es mi casa. ¡Largo de aquí! —y dio un portazo.

Felix y Heini se dirigieron una mirada que se explicaba por sí sola. Extrañados, retrocedieron sobre sus pasos y miraron hacia ambos lados, preguntándose si se habían equivocado de calle, pero no era así. A través de la ventana del segundo piso los observaba quien ahora parecía ser el dueño de su antigua casa.

Si su madre no estaba allí, quizá no había sobrevivido, pensó Heini. Felix, a su lado, se mantuvo en silencio y cabizbajo. Decidieron acudir a las autoridades soviéticas y, para su sorpresa, ese mismo día expulsaron a la familia alemana que había ocupado su domicilio durante la guerra.

Su interior lucía distinto, vacío. Los muebles en su mayoría eran los mismos, pero no estaban los adornos ni los libros. Al margen de unos cuantos objetos sobre los muebles, la casa apenas estaba decorada. No había nada en el antiguo espacio de los candelabros. En las paredes se adivinaban las marcas de cuadros que tiempo atrás decoraban la casa con retratos familiares. Las cortinas también permanecían; Felix había quemado una de las puntas por accidente y la marca aún estaba allí.

En las habitaciones sucedía lo mismo. Heini abrió su armario y encontró algunas prendas que la familia alemana dejó, pero no parecían servirles. En uno de los cajones encontró un abrigo suyo, empolvado y con hoyos. Era su favorito. Todavía tenía la estrella amarilla bordada en el lado izquierdo del pecho. Recordó, con cierta nostalgia, que lo había escondido ahí para que Felix no lo usara. Se lo probó, pero apenas le entraba. A su hermano tampoco, pues ahora era casi veinte centímetros más alto. Arrancó la estrella de David y la guardó en su bolsillo.

Con las sábanas que encontró Felix les bastaría para dormir la primera noche.

La casa de los Breda se ubicaba a pocas cuadras de distancia, pero nadie les abrió. En un arrebato de desesperación y soledad, Heini emprendió rumbo a casa de Frantiska. Quizás era la única persona que podía ayudarlos. Llamó a la puerta con tanta seguridad como pudo, pero tampoco hubo respuesta. Miró por la ventana y se encontró con que la casa estaba vacía. Nunca volvió a verla.

Sin más esperanzas de encontrar algún conocido, se dirigió hacia un centro de la Cruz Roja y se registró para que les avisaran cuando hubiese noticias de sus familiares. En aquellas oficinas, en el centro de la ciudad, insistieron en que no era necesario que pasara por allí cada día, pero él no concebía sentarse pasivamente a esperar. A las semanas se sinceraron: era poco probable que tuvieran noticias en los días siguientes. Sin embargo, esa misma tarde, mientras improvisaban la cena, alguien llamó a su puerta.

A través del velo de la cortina divisó la figura de una mujer adulta. El corazón se le aceleró y abrió al instante, esperando ver a su madre, pero su expresión de felicidad cambió por una de sorpresa cuando vio que no se trataba de ella, sino de Hana, la esposa de su tío Karel.

—¡Tía Hana! —exclamó Heini. Nunca habían sido muy cercanos, pero hacía mucho que no veía una cara familiar—. Pensé que... —no se atrevió a terminar la frase, pero Hana entendió a lo que apuntaba. Se abrazaron con cierta incomodidad y luego hizo lo mismo con Felix, que permanecía sentado en el comedor.

—Sus padres... —tartamudeó—. ¿Vo... Volvieron?

—No todavía. Estamos esperando noticias de la Cruz Roja. Me parece que son algo ineficientes. ¿Qué hay del tío Karel?

Hana tomó asiento y se echó a llorar.

—Murió en Auschwitz, en marzo del año pasado —se lamentó. Heini leyó el semblante preocupado de su tía—. Sufrió tanto. Tres meses después de haber sido trasladado desde Terezín, le dio neumonía y al tercer día murió. Ese lugar es horroroso.

—Sí —se limitó a contestar Heini, sin ánimos de recordar.

—Espera... ¿Ustedes estuvieron allí? —y ambos replicaron con un asentimiento anémico—. ¡Pobres! —exclamó—. ¡Tan jóvenes! Para las mujeres fue algo distinto. No quiero decir mejor, pero había algo más de consideración. Yo estuve siete meses y luego otros nueve en un campo cerca de Hamburgo. Este año me llevaron a Bergen Belsen. Les digo, si los ingleses hubiesen llegado una semana después, ninguna mujer habría sobrevivido. Estuvimos dos meses bajo su cuidado antes de ser enviadas de vuelta.

También les contó que se había reencontrado con su hermana, se quedaría con ella por unos días. Ella también había enviudado en los campos de concentración.

Heini lamentó la historia de Hana, pero su discurso le infundió algo de esperanza: quizá sí era posible reencontrarse con su madre, podría estar en recuperación al cuidado de algún ejército de los aliados.

Le tuvieron que contar su historia, pero no se esforzaron en detallarla. No querían recordar el traslado a Auschwitz ni los cuerpos de las mujeres en Meuselwitz ni la muerte de sus amigos ni el escape.

—Si necesitan cualquier cosa, avísenme. Yo vendré cada semana para ver cómo están. No sé si les dijeron, pero hay una oficina de repatriación donde pueden pedir comida y algo de abrigo —comentó, al fijarse en lo vacía que estaba la cocina y en la ropa andrajosa que vestían. La única camisa en buen estado que Heini tenía era la que le había proporcionado el ejército norteamericano.

Sin novedades de la Cruz Roja, Heini decidió ir a la estación de trenes de Brno, donde llegaban exprisioneros casi todos los días. El lugar le traía recuerdos: desde allí había partido a Terezín, tres años antes. Armó una rutina: iba temprano en la mañana, permanecía de pie en el andén y esperaba a que llegara un tren en el que apareciera su madre. Felix lo acompañó, pero solo los primeros días. Había perdido la esperanza y eso molestó mucho a Heini.

Ambos estaban irritables, sobre todo Felix, que estaba fracturado producto del disparo que recibió. Guardaban rabia y rencor, pero no lo conversaban. Los campos terminaron por aislar sus sentimientos del mundo exterior y no pretendían hablar de lo que les afectaba, hasta que un día Heini explotó y lo encaró.

—¿Qué te pasa? —le preguntó con tono punzante. Felix se limitó a mirarlo con un gesto de enojo. Tenía los dientes apretados y permanecía hundido en un sofá, en la sala de estar—. ¡¿Acaso no te importa?! ¡¿Acaso no quieres ver a tu papá?!

Felix balbuceó algo ininteligible. Su mirada ausente proclamaba a gritos lo lejos que estaba de allí.

—¿Qué? —preguntó Heini, lanzando una mirada de reproche ante la franca hostilidad de su hermano.

—¿Qué sentido tiene perder todos tus días yendo a esa estación? —La pregunta fue una ofensa directa para Heini. Estaba de pie, a unos metros de su hermano, y lo miraba con extrañeza.

—¡Nadie va a estar tan preocupado como nosotros! La Cruz Roja sigue el rastro de miles de personas, no se enfocarán solo en nuestros padres.

—¿Qué diferencia tiene esperar ahí o en casa?

—No voy a bajar los brazos y esperar sentado a que aparezcan. Incluso deberíamos viajar para buscar más información.

—Ve tú. Yo no pretendo moverme. —El comentario terminó por exasperar a Heini, que fulminó a Felix con la mirada.

—¡¿Cómo puedes ser tan irresponsable?! No podemos quedarnos de brazos cruzados, puede que nuestros papás estén ahí, afuera, necesitando...

—¡Nuestros papás están muertos! —interrumpió Felix. Se sumieron en un profundo silencio. Heini no se atrevió ni a respirar. Mantenían la mirada fija en el otro, Felix se puso de pie con vehemencia—. ¿Acaso no lo entiendes? ¡Están muertos! ¿Cuántas personas has visto volver de los campos en tus paseos a la estación? ¿Cuántos de tus amigos están aquí con nosotros? Las únicas personas con las que tuviste alguna relación murieron en la guerra. ¿Dónde están los Breda? ¿Dónde están Jiri, Eva, Alfred? ¿Dónde están el tío Karel, la Oma Pavla, Franz, Tomas? ¿Dónde están nuestros papás? Están todos muertos.

Heini agarró de la ropa a Felix para luego empujarlo hacia el sofá. Apenas cayó sentado, volvió a levantarse e intentó darle un puñetazo en el pecho.

—¡No se te ocurra volver a decir que están muertos! —le recriminó, mientras se golpeaban entre sí.

En aquella confusión terminaron en el suelo, intentando con torpeza situarse arriba del otro para dominar la pelea. Felix logró golpear a Heini en el rostro, causándole un corte en la ceja, que comenzó a sangrar. Entonces se separaron a empujones y terminaron a unos metros de distancia.

—He estado ocupado en otras cosas —comentó Felix con frialdad.

—¿Qué puede ser más importante?

—Conseguí los papeles para ir a Uruguay. Iré a vivir con mi mamá.

Sin esperar la respuesta de su hermano, se dirigió a la puerta de entrada y la cerró con fuerza detrás de él. A partir de ese momento, sus conversaciones rara vez superaban un intercambio de reproches y miradas de desdén e indiferencia.

Su relación nunca volvería a ser la misma.

Además de la estación, Heini comenzó a ir a diario a la oficina de repatriación. Recibía comida e incluso postuló a un empleo que ofrecían.

—Conque es mi querido Henry —escuchó mientras almorzaba un día en la oficina—. Se giró, reconociendo de inmediato a quien lo llamaba así, pero no alcanzó a reaccionar cuando Jiri lo acorraló con sus brazos. Su amigo conservaba la misma sonrisa de siempre. Se miraron, volvieron a fundirse en un abrazo y solo después de unos segundos Heini se dio cuenta de que Eva estaba a unos metros, también sonriente, aunque su rostro se notaba algo apagado y mustio. Aún llevaba puesto el anillo con sus iniciales.

—¡Eva! —exclamó, al tiempo que soltó a su amigo y dio zancadas para abrazarla—. ¿Cómo estás? Pensé que... Es decir, ¡qué bueno que regresaste!

—Está bien. Me alegra verte. —Eva tomó las manos de Heini, exponiendo el número 5037 tatuado en su brazo—. Ya hablaremos sobre la guerra.

Le relataron su reencuentro en Holešov, tal como lo habían acordado. Luego de que ella se recuperara de un brote de tifus, decidieron ir a vivir a Brno porque Jiri quería estudiar Ingeniería Eléctrica. La madre de Eva murió poco después de ser trasladada a un hospital desde un campo de concentración, mientras que su hermana Erika falleció apenas días atrás, por tuberculosis.

Así, retomaron la rutina de verse casi todos los días, empapándose de recuerdos tristes y otros tantos hermosos que vivieron en Terezín. Era irónico que guardaran esas memorias con tanto cariño, cuando todo a su alrededor era muerte y miseria.

De su madre, sin embargo, no había rastro, y ya había pasado un mes desde su regreso. No tardó en darse cuenta de que una porción muy mínima de la comunidad judía de Brno había vuelto, pero mantenía viva la esperanza. La Cruz Roja se contactó con él para dar aviso de un último tren con sobrevivientes, al día siguiente.

Era su última opción.

Se negaba a pensar que podría estar muerta.

De pie a un costado de las vías, la silueta del tren que se acercaba a toda velocidad se adivinaba borrosa tras una laguna de neblina. El entorno era devastador. Las calles de la ciudad, que yacían sumergidas en escombros, decoraban un deprimente paisaje de posguerra. El cielo permanecía cubierto por densas nubes de plomo y un manto de lluvia azotaba con fuerza.

Estaba empapado por completo, de pie sobre un charco de agua bajo la incesante lluvia. No le importaba refugiarse del aguacero. Su mirada permanecía inmutable en la locomotora que se aproximaba a la estación. Como cada mañana desde hacía varios días, aguardaba con la fe intacta su llegada, siempre en el mismo lugar. De pronto, el rugido del tren no lo dejó escuchar ni sus propios pensamientos.

La multitud llenó la estación con rapidez y se le hacía difícil buscarla. Movía la cabeza, ansioso, tratando de divisar su cara, cuando de pronto alguien tocó su hombro. Se volteó y la vio sonriendo, con lágrimas de emoción. Su rostro era tan bello como lo recordaba. Su mirada contemplativa y piadosa llenó su corazón de paz. De inmediato se fundieron en un fuerte abrazo que pausó el tiempo y el ruido a su alrededor.

El escenario se oscureció por completo y su cara se desvaneció ante sus ojos.

26

Esa fue la primera vez desde que volvió a su casa que su mente le jugó una mala pasada. La mayoría de las veces se daba mientras dormía, pero incluso estando despierto en algunas ocasiones se perdía en sus pensamientos y visiones. Muchas personas llegaron en ese tren. Unos pocos parecían haber regresado de los campos, pero su madre no estaba ahí. Nunca pudo superar su muerte. Mintió cuando le dijo al doctor Schwartz que el episodio que más le había impactado fue el fallecimiento de su hermano, simplemente porque no podía hablar de su madre. Ni con él ni con nadie. Fue la única que lo acompañó siempre, durante su infancia y adolescencia. Era sabia, dulce, buena. El dolor de haberse separado de ella y la pena por no haber podido estar a su lado para ayudarla lo acompañaron hasta el último de sus días.

Aquella tarde, en la estación de trenes, Heini se derrumbó. El deseo de abrazarla era tal que se lo imaginó, vívida pero no real. Le costó años aceptarlo, aunque siempre mantuvo en secreto la añoranza de volver a verla.

Solo guardaba fotos de ella. A lo largo de su vida, repasaba una y otra vez los recuerdos que se desdibujaban con el paso del tiempo: su voz, sobre todo cuando cantaba al arroparlo en su cama; su mirada en aquel tren, camino a Brno por primera vez; bailando, con deslumbrante belleza, el día de su matrimonio con el doctor Kahn; su cuerpo ya debilitado; su semblante triste pero fuerte en las peores circunstancias.

Sus ojos, llenos de lágrimas, cuando se despidieron en Terezín.

Solo podía devolverla a la vida en sueños. Eran frecuentes, y en ellos escuchaba su voz mientras lo miraba, sonriente.

27

Abrió la puerta con las manos temblorosas, su mundo acababa de venirse abajo. Vio a Felix esperándolo en la mesa del comedor, con la cabeza gacha y mirándolo de soslayo. Los restos del desayuno permanecían intactos sobre la mesa de madera desde la mañana. Se mostraba serio y todavía destilaba orgullo por la pelea que habían tenido días atrás. Sus ojos, sin embargo, emanaban un atisbo de esperanza.

A Heini se le hizo doloroso sostenerle la mirada. Se limitó a negar con la cabeza con un ademán de tristeza al tiempo que cerraba los ojos. Sus padres no habían llegado en el último tren. Impávido, Felix se dirigió a su habitación en silencio. Dos semanas después viajó a Praga para obtener su pasaporte y así poder dirigirse hacia Uruguay, donde se reencontraría con su madre. La despedida, en Brno, mantuvo la frialdad y hostilidad de los últimos días; aún primaba el resentimiento. Lo miró marcharse a través de la ventana, hasta que su silueta se desvaneció en la lejanía de las calles de Brno.

Heini, a su vez, le escribió una carta a su papá, que estaba en Santiago de Chile. Luego de varios días vagando triste por una ciudad que ya no le pertenecía, decidió que la mejor opción era imitar a Felix y seguir a su padre al lugar más remoto posible. Sabía que la respuesta podía tardar varias semanas.

Mientras tanto, intentó compartir con sus amigos y recuperar la adolescencia perdida. Fue junto a Jiri, Eva y otros que no conocía a Obora Holedná, un pueblo al norte de Brno, donde además de consolarse por la muerte de sus familiares, pudieron distraerse y disfrutar de verdes paisajes y noches de juegos. Los días de verano eran menos deprimentes estando lejos de la ciudad, donde todo le recordaba a la guerra. Allí conoció el tabaco, el alcohol y los labios de Liza, una vieja amiga de Eva, en cuyos brazos se refugió aquellos días. Jiri le relató a Heini lo que vivió luego del bombardeo al tren: no pudieron continuar el traslado. Debieron continuar marchando a pie desde Graslitz. Casi no había comida. Varios de sus compañeros murieron exhaustos, por hambre, o intentando escapar. Entre ellos Alfred. Jiri logró permanecer con vida hasta que los nazis desaparecieron, varios días más tarde.

Heini, por su parte, le habló de sus días después del escape. Cuando le contó sobre su pelea con Felix y el resquemor que los cubría, pensó que le reprocharía algo. Sin embargo, no encontró juicio alguno en su mirada. Jiri conocía muy bien las heridas que la guerra había tallado en ambos.

Al volver, Heini buscó en el buzón la respuesta de su papá, pero no encontró nada.

Pasó meses así, sin pensar un plan alternativo. Al menos había obtenido el empleo en la oficina de repatriación y podía apañárselas.

Al fin, una tarde de agosto recibió un sucinto telegrama.

Estoy muy feliz de que estés vivo. Una carta va en camino. Te esperamos para que vengas con nosotros.

No era gran cosa, pero al menos podía aferrarse a algo. El correo era demasiado lento y concluyó, después de un tiempo, que no podría arreglar su viaje a Chile a ese ritmo. No haber nacido en Brno también le dificultaba las cosas: no tenía ningún documento y, así, conseguir los papeles para viajar sería casi imposible.

Recibió otro telegrama preguntando si había recibido la carta, pero aún no llegaba nada.

Ordenando la casa en la que pasaba sus días en soledad, un trozo de papel se dejó caer desde lo alto de un armario. No lo había visto en años, pero ahí estaba, tal como lo había dejado. Era la dirección de Hanko, la prima de su madre que consiguió emigrar a Estados Unidos antes de la guerra. No sabía si la dirección era correcta, pero sin dudarlo tomó un lápiz y un papel y empezó a escribir.

13 de septiembre de 1945

Querida Hanko:

Como probablemente sabes, mi padre está en Chile junto con su familia. Quiero ir con él. He recibido ya dos telegramas de su parte y una carta está en camino.

Me es muy difícil llegar allá y tal vez podrías ayudarme. Desearía ir lo más rápido posible a América. Aquí estoy totalmente solo y no tengo mucho dinero. Tienes que ayudarme.

Te agradecería si pudieras escribirle a mi padre. Si pudiese llegar a Estados Unidos sería mucho más fácil llegar después a Chile. La dirección de mi padre es Puente 558, Santiago de Chile.

Espero que no estés molesta por todo lo que te pido. Si bien soy libre, llevo una vida muy difícil y, sin mi padre, no seré feliz. No estoy acostumbrado a tanta soledad.

Ahora, algo de mi pasado. Estuve tres años en campos de concentración (Terezín, Auschwitz y Meuselwitz, en Leipzig). Todavía hoy no lo comprendo, fue como una larga pesadilla. Me sorprende haber sobrevivido... Pero no quiero escribirte todo lo tuve que vivir. Eso no se lograría describir ni en un libro grueso. Nadie puede comprender lo que hicieron los alemanes en pleno siglo XX. Nadie puede comprender lo que es una cámara de gas; es un milagro que no me hayan metido ahí. Lo que pasó fue que necesitaban cerrajeros y me mandaron fuera de Auschwitz.

Los números son terribles. A Brno solamente regresaron 500 de 15.000 judíos. Esos 500 fueron en un 90% mezcla de matrimonios mixtos entre judíos y no judíos que estuvieron en campos especiales donde la cosa no era tan terrible.

Todos murieron. Mi madre, el doctor Kahn, mi abuela, el tío Karel. Fue todo horrible. Nunca podré olvidarlo. Pero no te preocupes por mí: quien sobrevivió a un campo de concentración desconoce toda dificultad y adversidad. No me perderé nunca más en la vida.

Saludos,

Heini

Recibió respuesta quince días después, la comunicación con Estados Unidos era mucho más rápida. Así, a través de Hanko, pudo tener contacto frecuente con su padre. Recibió cartas con dinero, ropa y fotos de él. Heini, por su parte, acompañaba cada carta a Hanko con otra misiva para su padre. Costó nueve meses, pero finalmente logró conseguir la documentación para viajar a Santiago y, a mediados de 1946, se despidió de su tía Hana y se trasladó hasta Praga —tramo en que lo acompañaron Jiri y Eva— para luego dirigirse a Suecia, donde zarparía hacia América.

—Cuídate mucho, Henry —le dijo Jiri, cacheteándolo con suavidad en la mejilla luego de abrazarlo—. Espero que nos veamos pronto.

—En su fiesta de matrimonio —respondió Heini, entre risas.

—Veamos si eso realmente sucede —terció Eva, juguetona, y luego apretó un largo rato a Heini—. No te olvides de escribirnos.

28

22 agosto 1946

Querida Hanko:

Ya llevo doce días en Santiago y recién puedo escribirte. Tengo visitas desde la mañana hasta la noche. Todo el tiempo conozco gente nueva y tengo que contar lo mismo una y otra vez. Ya estoy horriblemente cansado de eso, por eso no te enojes por no haberte enviado una carta antes.

El viaje comenzó el 3 de julio. Pasé por Suecia, Curazao, Panamá, Colombia, Ecuador y Perú antes de llegar acá. En todos los puertos pudimos bajarnos del barco, y es así como conocí Lima y otras ciudades grandes cercanas a los puertos. Todo el trayecto duró treinta y nueve días. El 10 de este mes llegué a Valparaíso, donde me esperaba mi padre. En consecuencia, comenzó la más bella época de mi vida. Después de diez años, por fin estoy con él.

No soy capaz de escribir qué pasó después de mi llegada, pero creo que tampoco es tan necesario, creo que te lo puedes imaginar. No se trata solo de los diez años, sino de qué es lo que pasó en ese período. Cuando pienso en dos años atrás, todo me parece un sueño. No es para sorprenderse. De las impresiones de Santiago, todavía no puedo escribir ya que estoy siempre en casa

esperando alguna visita. Por ahora, es todo lo que te puedo contar.
Pronto te escribiré más detalles.
Saluda de mi parte a todos y escríbeme pronto.

Saludos, Heini. Ahora, Enrique.

Así como su padre pasó a llamarse Federico —en lugar de Fritz—, Heinz se cambió el nombre a Enrique, aunque para sus conocidos seguía siendo Heini. La adaptación en Chile fue fácil gracias a su papá y a Erna, su esposa, que lo recibió como si fuera su propio hijo. Quizá lo más difícil fue aprender el idioma.

Aquellos años estuvieron llenos de amor y buenos momentos. A pesar de la carga emocional, Heini por fin podía disfrutar de su familia y vivir sin temor. A diferencia de como lo recordaba él, el escaso cabello que le quedaba a su papá era cano, y la piel de su rostro había perdido la firmeza.

Encontró trabajo como empleado en un taller de talabartería en el centro de Santiago, cuyos dueños también eran judíos checos. Allí aprendió pronto a fabricar objetos de cuero, lo que le serviría más adelante para independizarse y abrir su propio taller y fábrica, que lo acompañó casi hasta el final de su vida.

Luego de cuatro años se casó con Käte, una de sus vecinas en Santiago. Ella también era judía, pero escapó de Europa antes de que comenzara la guerra. Su padre era polaco y su madre rumana. Nació en Berlín, por lo que también sufrió el aislamiento y la discriminación. En los años previos a la guerra, incluso recibió piedrazos por parte de unos niños mientras jugaba en un parque. Tal como los Breda lo hicieron con su hijo Moshé, los padres de Käte pudieron alejarla del peligro enviándola a París el último día de 1939. Seis meses más tarde se reencontró con sus padres y su hermana en Portugal. Desde allí, emigraron a Chile.

Heini casi no le contaba detalles sobre su vida antes de llegar a Chile, pero al principio el amor lo eclipsaba todo. Lo único que compartía con ella de su pasado en Checoslovaquia era la gastronomía, pues Heini no disfrutaba de cualquier tipo de comida. La llevaba con frecuencia al restaurante Praga, donde podía volver a su infancia, saboreando el gulash de su madre y de la Oma Pavla. Käte veía cómo se empapaba de nostalgia a través del paladar. Para él no había un lugar como aquel restaurante. Sin embargo, como Heini permanecía en lo superficial y evitaba hablar de los campos de concentración, del dolor y la muerte, se fue creando una barrera entre ambos. Además, ella no tenía cómo enterarse de nada, pues nunca conoció a quienes conformaron su mundo.

Era como si sus ganas de vivir se hubieran enterrado en Europa, en un pasado del que no podía escapar.

El problema se acentuó y, cuando solo llevaban un año casados, las cosas cambiaron para siempre. Fue un día que Heini nunca olvidó. Estaba sentado en el cuarto de estar de su casa cuando alguien llamó a la puerta.

—¿Esperamos visitas? —preguntó Käte, asomándose desde la cocina. Heini negó con la cabeza, extrañado. Se puso de pie.

Käte se dirigió hacia la entrada para abrir la puerta. Era Fritz. Con una expresión de congoja y sin decir palabra alguna, caminó directo hacia Heini. Le extendió un recorte de diario que traía consigo. No pasaron más de treinta segundos hasta que Heini estalló en llantos, tapándose la cara.

El recorte era parte del apartado policial de un periódico extranjero, de unas semanas atrás:

Fracasó ayer un asalto a un cambio de dinero efectuado por un joven

Frustrado asalto a un cambio de dinero la mañana de ayer. Un joven sin antecedentes policiales intentó el atraco, que falló por la serenidad de uno de los asaltados y también por no estar el dinero donde el asaltante supuso.

El joven que intentó el asalto, al ver frustrados sus planes luego de verse acorralado, huyó en un taxímetro y adoptó la trágica resolución del suicidio.

Hecho en realidad inexplicable, pues el delincuente gozaba de buena reputación y es de familia honorable, dedicada al trabajo y de situación económica desahogada.

El parte policial dice al respecto lo siguiente:

El jueves a la hora 18, una persona que dijo llamarse Félix Kahn Goldstein concurrió a la Casa de Operaciones Financieras Money, situada en Ituzaingó 1433 y apersonándose al Sr. Marcos Pascual López, que es componente de la firma, le expresó que tenía $150.000 nacionales argentinos para vender y quería saber a qué precio los compraban en cambio libre.

Enterado de los detalles de la operación que se proponía efectuar, Kahn se retiró del comercio, quedando de regresar en el día de ayer a la hora 8.10. Volvió ayer al cambio en el taxímetro 95-301, guiado por Adolfo Gómez Muñoz, domiciliado en Chiavarí 2940, al cual había ascendido en la parada de Agraciada y San Martín. Una vez en el interior del cambio, Félix Kahn, que es checo, soltero, de 23 años, domiciliado en Obligado 974, se apersonó nuevamente al señor Marcos Pascual López y apuntándole con una pistola marca M.A.B. calibre 6.35 mm, le indicó que abriera la caja de seguridad. El cambista siguió las instrucciones, pero como en ella no había dinero alguno, ya que por previsión fue sacado por los propietarios del negocio con anterioridad a la llegada de Kahn, este le dijo a Marcos Pascual que hiciera pasar al interior del comercio a dos personas que pertenecían al mismo y se hallaban en la puerta de acceso. Sin embargo, en ese mismo instante, el Sr. Francisco Pascual López, hermano de aquel, logró saltar por encima del mostrador y salir a la calle profiriendo gritos de alarma, lo que motivó que el atacante se diera a la fuga, apoderándose de dos portafolios que estaban sobre el mostrador y que tampoco contenían valores.

FUGA DEL ASALTANTE

Una vez en la vía pública, Kahn ascendió al mismo taxímetro, cuyo conductor ignoraba lo que ocurría, y le indicó que continuara por Ituzaingó a Rambla Roosevelt, por esta a Zabala hasta la Rambla Francia, donde amenazó al taximetrista con la pistola, haciéndole detener la marcha del coche y luego abandonar el mismo, tras lo cual tomó el volante y a gran velocidad siguió por la Rambla hasta el este. Mientras tanto, el Sr. Guillermo Kionh, domiciliado en Tomás Diago 782, perteneciente al Cambio Money, siguió al taxímetro en el auto 70-846. Al llegar a la Rambla y Misiones, donde estaba de fracción el agente Braulio Morales de la Seccional 1.a, enteró a este de lo ocurrido, subiendo el guardia civil al auto y siguiendo la persecución del taxímetro. Al llegar frente a Teatro de Verano, debido a la excesiva velocidad que llevaban, el taxímetro viró hacia la izquierda, quedando en sentido contrario y al parecer con la dirección trancada, por lo que Kahn descendió del vehículo con la pistola en la mano derecha. Al notar la llegada al lugar del agente Morales, quien efectuó un disparo al aire con el revólver de reglamento, Kahn, al verse acorralado, adoptó la trágica resolución del suicidio.

Heini se dejó caer en un sillón del living, consternado. Releyó la noticia varias veces con la esperanza de encontrar un desenlace distinto. Al final, posó su cabeza sobre sus rodillas y, con el recorte del periódico todavía entre sus manos, lloró en silencio durante varios minutos.

—No estoy listo para esto —dijo, antes de encerrarse en su habitación. El pobre Felix tenía veintitrés años cuando se quitó la vida.

No salió de su casa en semanas. Repasó en su cabeza, una y otra vez, aquella fría despedida en Brno. Se arrepintió. Aquellos últimos recuerdos estaban manchados por la rabia y el rencor. Su propio orgullo lo dejó solo.

Heini le prometió al doctor Kahn que cuidaría de Felix aquella tarde en Terezín antes de partir a Auschwitz, pero no pudo hacerlo. La culpa le carcomía el alma por haberlo expuesto al disparo que recibió en Graslitz y por permitir que se separaran después de la guerra sabiendo lo dañado que estaba.

Con el tiempo, el suicidio le comenzó a parecer razonable, considerando las desgracias que Felix vivió a tan temprana edad. Era solo un niño y lo perdió todo. No pudo encontrar un lugar en el mundo, sumido en la desesperanza y con graves secuelas psicológicas. Heini recordó cuando Felix dijo que prefería morir antes que volver a ser un prisionero. Todo parecía tan claro ahora.

La muerte de su hermano terminó de sepultar toda la vida que tenía en Brno. Desde que era un niño, su mayor miedo fue quedarse solo, y el recorte de aquel periódico uruguayo parecía hacerlo realidad. Pero ahora estaba obligado a vivir una nueva vida, en otro lugar, con personas, costumbres y hasta un nombre diferente. Aquellas dos vidas estuvieron unidas por un puente construido con sueños, visiones y recuerdos tormentosos que nunca lo abandonaron.

Epílogo

El doctor Kahn fue enviado a Auschwitz el 23 de octubre de 1944. Luego a Buchenwald, al final del mismo año y, por último, a Bergen Belsen, en febrero de 1945, donde falleció.

El tío Karel murió en Auschwitz en 1943.

La madre de Heinz, Helena, fue enviada a Auschwitz junto con el doctor Kahn, en el penúltimo transporte que salió desde Terezín. No hay ningún registro de su destino. Lo más probable es que haya sido asesinada ese mismo día en las cámaras de gas.

Heinz Salinger falleció el 3 de septiembre de 1995 en Santiago de Chile, a los setenta y un años, después de años sufriendo un cáncer de colon.

El Opi, como lo llamábamos nosotros con cariño, se mostró siempre como un hombre feliz. Para la familia era positivo y encantador. Pero aquello contrastaba con lo que realmente sentía, que se traslucía mediante un rictus de sufrimiento dibujado en su rostro cada vez que alguien le preguntaba por su acento extraño o por su madre.

Nunca nos contó nada. Sus demonios internos nunca le permitieron liberarse de aquel pasado que no podía relatar, como si recordarlo brindara una especie de tributo a sus victimarios; como si estuviera siendo juzgado por quienes quedaron atrás. Lo atormentaba una extraña sensación de culpa por haber sobrevivido, por haber obtenido una segunda oportunidad.

A pesar de todo, Heini dejó como legado una hermosa familia. Tuvo dos hijos, René y Marcelo; siete nietos, Alejandro, Andrés, Rafael, Daniela, Gabriel, Tomás y Michelle; además de siete bisnietos —hasta ahora— que no alcanzó a conocer.

—Espérame —decía el Opi cuando agonizaba. En la habitación principal de su casa estaban su esposa Käte, sus dos hijos y una enfermera. Marcelo, el menor, lo observaba sentado en un sillón junto a su madre, la Omi, mientras que René, mi papá, se mantuvo de pie al lado de la cama, aferrándose a la debilitada y pálida mano derecha de su padre.

—Espérame —volvió a decir, esta vez más despacio. Sin soltar su mano, René se acercó para escuchar lo que decía, pero no le hablaba a él. Se dirigía a alguien más, como si en aquel proceso de transición entre la vida y la muerte, ya estuviera en otra realidad.

—Espérame un poco más —dijo, casi susurrando—. Ya te voy a ver, mamá —fue lo último que alcanzó a decir.

Palabras finales

En los muros del interior de la sinagoga Pinkas, en Praga, están escritos los nombres de los casi ochenta mil judíos checos que fueron asesinados a manos del nazismo. Ver los de la madre y el padrastro de mi Opi en esas paredes, en enero de 2017, me empujó a iniciar una exhaustiva investigación sobre la historia de mi familia. En ese entonces no imaginaba que terminaría escribiendo este libro.

Me duele pensar que, si hubiese comenzado a investigar cinco o diez años antes, este texto tendría muchas más anécdotas de la vida de mi Opi en Brno e incluso del período del Holocausto. Pero no fue así. Han pasado exactos cien años desde que él nació y casi todas las personas con las que se relacionó ya no estaban cuando comencé esta búsqueda.

Pero nunca es tarde. En algunos años más, el último de los sobrevivientes de los campos de exterminio habrá fallecido y ya no existirán testigos directos. Mucho se ha escrito sobre el Holocausto, pero, hoy más que nunca, está en nuestras manos reforzar el recuerdo y mantener viva su memoria, para evitar que se repita. Escribí este libro por ese motivo y, por supuesto, para crear una memoria familiar que permita a mis hijos y nietos conocer sus raíces. Escribí para ser la voz de mi Opi, quien, aprisionado en su trauma, nunca pudo abrirse con sus cercanos y guardó para sí mismo una historia que merece ser recordada. Vivió una vida injusta y desgarradora, soportando hasta el final las heridas que le abrió la guerra y que nunca cicatrizaron. Fue por culpa de esos traumas que nunca escapó del Holocausto.

Décadas después de emigrar a Chile, mi Opi volvió a Brno para reencontrarse con los amigos que dejó tras la guerra. También volvió a Terezín, pero ya no como prisionero. Incluso sobre aquel viaje nunca compartió nada con sus cercanos. Así, este testimonio es producto de años de búsqueda casi sin antecedentes concretos. Una investigación basada en registros, certificados, testimonios, biografías, fotos, cartas e interacciones con innumerables personas que me ayudaron en todo el proceso de documentación y escritura.

Estaré por siempre agradecido de todos ellos. En primer lugar, gracias a Anna Hájková, historiadora y autora del libro *The Last Ghetto: An Everyday History of Theresienstadt,* quien fue mi principal guía en el inicio de la búsqueda. A Talma Cohen, de la fundación Beit Terezín, en Israel, por todos los documentos e información que me entregó sobre mi familia. Gracias también a Oded Breda, exdirector de Beit Terezín y sobrino de Pavel Breda, por abrirme la historia de su familia y por mostrarme el intrigante mundo del fútbol dentro de los campos de concentración.

Le debo profunda gratitud a Janet Malcolm y Marie Winn, hijas de Hana Taussig (Hanko), quienes, a través de la documentación y publicación de la correspondencia de su familia, me permitieron encontrar el tesoro más importante de todo este proceso: las cartas que intercambiaron Heini y Fritz a través de Hanko para poder comunicarse y gestar el traslado de mi abuelo a Chile después de la guerra. Agradezco también a Karla Kozubová, quien se sentó conmigo con mucha paciencia a traducir del checo cada una de las cartas que encontré.

Estoy en deuda con Jaroslav Krause (Z.L.) quien, a través de su nieta Ester Gerová, se abrió a la dolorosa tarea de recordar sus peores días y compartir conmigo parte de su historia en Auschwitz, Meuselwitz y la huida del tren en Graslitz. También a Martin y Susanne Pytela, hijo y nieta de Eva Beerová, respectivamente. Les agradezco infinito por compartir tanto más que solo historias y fotos de quien fue una amiga cercana de mi Opi. Me gustaría agradecer también a Kathleen Lemmons, editora del boletín informativo de la *U.S. 16th Armored Division,* por ayudarme con tanta empatía en la búsqueda —sin éxito— de la identidad del soldado que cuidó a Heini en los últimos días de la guerra.

Gracias a Jaroslav Klenovsky por ayudarme a entender la historia de la comunidad judía de Brno. A Lucia Kubová, del Archivo de Brno, por todos los documentos municipales que logró encontrar con información de mi familia. A Steffi Müller, del Archivo de Meuselwitz, por compartir información y bibliografía acerca de la fábrica Hasag durante el periodo de la Segunda Guerra Mundial.

Mis eternos agradecimientos a Amit Nachari por el arduo trabajo de leer y editar este libro y sobre todo por haberme motivado a seguir escribiendo. También a Marcos Alvo quien, de forma desinteresada y sin siquiera conocerme, abrió la puerta para que este libro pudiera ver la luz. Y por supuesto a Daniel Olave, mi editor, por confiar en mi relato y materializar esta historia.

Quiero dar especiales gracias a Rudi Haymann por relatarme con tanto detalle y energía, a sus 101 años, todo lo que recuerda sobre su amigo Heini, y también por haber leído el primer borrador de la novela y darme excelentes consejos. Muchas gracias al resto de mis primeros lectores y críticos, cuyas ideas y correcciones permitieron que este libro sea una realidad:

mi amigo Francisco Jofré; mi mamá, Anamaría Lisboa y mi esposa, Dafne Segall, a quien debo el mayor agradecimiento por su paciencia e incesante apoyo a lo largo de este camino. Te amo.

GABRIEL SALINGER LISBOA

El hombre que nunca escapó de Auschwitz de Gabriel Salinger
se terminó de imprimir en febrero de 2024
en los talleres de
Impresora Tauro, S.A. de C.V.
Av. Año de Juárez 343, col. Granjas San Antonio,
Ciudad de México

Para escuchar la música inspirada en el libro compuesta por el propio autor, ingresa aquí: